中國文化二十四品

中国文化二十四品

饶宗颐 叶嘉莹 顾问

陈洪 徐兴无 主编

九流十家

思想的争鸣

张峰屹 著

江苏人民出版社

图书在版编目（ＣＩＰ）数据

九流十家：思想的争鸣 / 张峰屹著. --南京：
江苏人民出版社，2017.1
（中国文化二十四品）
ISBN 978-7-214-17394-2

Ⅰ. ①九… Ⅱ. ①张… Ⅲ. ①思想史－中国－古代
Ⅳ. ①B21

中国版本图书馆CIP数据核字(2016)第045829号

书　　　名	九流十家——思想的争鸣
著　　　者	张峰屹
责 任 编 辑	卞清波
特 约 编 辑	胡晓平
责 任 校 对	史雪莲
装 帧 设 计	刘葶葶　张大鲁
出 版 发 行	凤凰出版传媒股份有限公司
	江苏人民出版社
出版社地址	南京市湖南路 1 号 A 楼，邮编：210009
出版社网址	http://www.jspph.com
经　　　销	凤凰出版传媒股份有限公司
照　　　排	南京凯建图文制作有限公司
印　　　刷	江苏凤凰通达印刷有限公司
开　　　本	652 毫米×960 毫米　1/16
印　　　张	14.75　插页 3
字　　　数	164 千字
版　　　次	2017 年 1 月第 1 版　2017 年 3 月第 2 次印刷
标 准 书 号	ISBN 978 - 7 - 214 - 17394 - 2
定　　　价	35.00 元

（江苏人民出版社图书凡印装错误可向承印厂调换）

编委会名单

总　序

陈　洪　徐兴无

　　我们生活在文化之中，"文化"两个字是挂在嘴边上的词语，可是真要让我们说清楚文化是什么，可能就会含糊其词、吞吞吐吐了。这不怪我们，据说学术界也有 160 多种关于文化的定义。定义多，不意味着人们的思想混乱，而是文化的内涵太丰富，一言难尽。1871 年，英国文化人类学家爱德华·泰勒的《原始文化》中给出了一个定义："文化，或文明，就其广泛的民族学意义上来说，是包含全部的知识、信仰、艺术、道德、法律、风俗，以及作为社会成员的人所掌握和接受的任何其他的才能和习惯的复合体。"[①] 其实，所谓"文化"，是相对于所谓"自然"而言的，在中国古代的观念里，自然属于"天"，文化属于"人"，只要是人类的活动及其成果，都可以归结为文化。孔子说："饮食男女，人之大欲存焉。"[②] 在这种自然欲望的驱动下，人类的活动与创造不外乎两类：生产与生殖；目标只有两个：生存与发展。但是人的生殖与生产不再是自然意义上的物种延续与食物摄取，人类生产出物质财富与精神财富，不再靠天吃饭，人不仅传递、交换基因和大自然赋予的本能，还传承、交流文化知识、智慧、情感与信仰，于是人种的繁殖与延续也成了文化的延续。

　　所以，文化根源于人类的创造能力，文化使人类摆脱了

---

　　① ［英］爱德华·泰勒：《原始文化》，连树声译，谢继胜、尹虎彬、姜德顺校，广西师范大学出版社，2005 年，第 1 页。

　　② 《礼记·礼运》。

自然,创造出一个属于自己的世界,让自己如鱼得水一样地生活于其中,每一个生长在人群中的人都是有文化的人,并且凭借我们的文化与自然界进行交换、利用自然、改变自然。

由于文化存在于永不停息的人类活动之中,所以人类的文化是丰富多彩、不断变化的。不同的文化有不同的方向、不同的特质、不同的形式。因为有这些差异,有的文化衰落了甚至消失了,有的文化自我更新了,人们甚至认为:"文化"这个术语与其说是名词,不如说是动词。[①] 本世纪初联合国发布的《世界文化报告》中说,随着全球化的进程和信息技术的革命,"文化再也不是以前人们所认为的是个静止不变的、封闭的、固定的集装箱。文化实际上变成了通过媒体和国际因特网在全球进行交流的跨越分界的创造。我们现在必须把文化看作一个过程,而不是一个已经完成的产品"[②]。

知道文化是什么之后,还要了解一下文化观,也就是人们对文化的认识与态度。文化观首先要回答下面的问题:我们的文化是从哪里来的? 不同的民族、宗教、文化共同体中的人们的看法异彩纷呈,但自古以来,人类有一个共同的信仰,那就是:文化不是我们这些平凡的人创造的。

有的认为是神赐予的,比如古希腊神话中,神的后裔普罗米修斯不仅造了人,而且教会人类认识天文地理、制造舟车、掌握文字,还给人类盗来了文明的火种。代表希伯来文化的《旧约》中,上帝用了一个星期创造世界,在第六天按照自己的样子创造了人类,并教会人们获得食物的方法,赋予人类管理世界的文化使命。

---

① 参见[荷兰]C. A. 冯·皮尔森:《文化战略》,刘利圭等译,中国社会科学出版社,1992年,第2页。

② 联合国教科文组织编:《世界文化报告——文化的多样性、冲突与多元共存》,关世杰等译,北京大学出版社,2002年,第9页。

有的认为是圣人创造的,这方面,中国古代文化堪称代表:火是燧人氏发现的,八卦是伏羲画的,舟车是黄帝造的,文字是仓颉造的……不过圣人创造文化不是凭空想出来的,而是受到天地万物和自我身体的启示,中国古老的《易经》里说古代圣人造物的方法是:"仰则观象于天,俯则观法于地,观鸟兽之文与地之宜,近取诸身,远取诸物。"《易经》最早给出了中国的"文化"和"文明"的定义:"刚柔交错,天文也。文明以止,人文也。观乎天文,以察时变;观乎人文,以化成天下。"文指文采、纹理,引申为文饰与秩序。因为有刚、柔两种力量的交会作用,宇宙摆脱了混沌无序,于是有了天文。天文焕发出的光明被人类效法取用,于是摆脱了野蛮,有了人文。圣人通过观察天文,预知自然的变化;通过观察人文,教化人类社会。《易经》还告诉我们:"一阴一阳之谓道,继之者善也,成之者性也。仁者见之谓之仁,知者见之谓之知。"宇宙自然中存在、运行着"道",其中包含着阴阳两种动力,它们就像男人和女人生育子女一样不断化生着万事万物,赋予事物种种本性,只有圣人、君子们才能受到"道"的启发,从中见仁见智,这种觉悟和意识相当于我们现代文化学理论中所谓的"文化自觉"。

为什么圣人能够这样呢?因为我们这些平凡的百姓不具备"文化自觉"的意识,身在道中却不知道。所以《易经》感慨道:"百姓日用而不知,故君子之道鲜矣。"什么是"君子之道鲜"?"鲜"就是少,指的是文化不昌明,因此必须等待圣人来启蒙教化百姓。中国文化中的文化使命是由圣贤来承担的,所以孟子说,上天生育人民,让其中的"先知觉后知""先觉觉后觉"[①]。

---

① 《孟子·万章》。

无论文化是神灵赐予的还是圣人创造的,都是崇高神圣的,因此每个文化共同体的人们都会认同、赞美自己的文化,以自己的文化价值观看待自然、社会和自我,调节个人心灵与环境的关系,养成和谐的行为方式。

　　中国现在正处在一个喜欢谈论文化的时代。平民百姓关注茶文化、酒文化、美食文化、养生文化,说明我们希望为平凡的日常生活寻找一些价值与意义。社会、国家关注政治文化、道德文化、风俗文化、传统文化、文化传承与创新,提倡发扬优秀的传统文化,说明我们希望为国家和民族寻求精神力量与发展方向。神和圣人统治、教化天下的时代已经成为历史,只有我们这些平凡的百姓都有了"文化自觉",认识到我们每个人都是文化的继承者和创造者,整个社会和国家才能拥有"文化自信"。

　　不过,我们越是在摆脱"百姓日用而不知"的"文化蒙昧"时代,就越是要反思我们的"文化自觉",因为"文化自觉"是很难达到的境界。喜欢谈论文化,懂点文化,或者有了"文化意识"就能有"文化自觉"吗?答案是否定的。比如我们常常表现出"文化自大"或者"文化自卑"两种文化意识,为什么会这样呢?因为我们不可能生活在单一不变的文化之中,从古到今,中国文化不断地与其他文化邂逅、对话、冲突、融合;我们生活在其中的中国文化不仅不再是古代的文化,而且不停地在变革着。此时我们或者会受到自身文化的局限,或者会受到其他文化的左右,产生错误的文化意识。子在川上曰:"逝者如斯夫。"流水如此,文化也如此。对于中国文化的主流和脉络,我们不仅要有"春江水暖鸭先知"一般的亲切体会和细微察觉,还要像孔子那样站在岸上观察,用人类历史长河的时间坐标和全球多元文化的空间坐标定位中国文化,才能获得超越的眼光和客观真实的知识,增强与其他文化交

流、借鉴、融合的能力,增强变革、创新自己的文化的能力,这也叫做"文化自主"的能力。中国当代社会人类学家费孝通先生说:

> "文化自觉"是当今时代的要求,它指的是生活在一定文化中的人对其文化有自知之明,并对其发展历程和未来有充分的认识。也许可以说,文化自觉就是在全球范围内提倡"和而不同"的文化观的一种具体体现。希望中国文化在对全球化潮流的回应中能够继往开来,大有作为。①

因为要具备"文化自觉"的意识、树立"文化自信"的心态、增强"文化自主"的能力,所以,我们这些平凡的百姓需要不断地了解自己的文化,进而了解他人的文化。

中国文化是我们自己的文化,它博大精深,但也不是不得其门而入。为此,我们这些学人们集合到一起,共同编写了这套有关中国文化的通识丛书,向读者介绍中国文化的发展历程、特征、物质成就、制度文明和精神文明等主要知识,在介绍的同时,帮助读者选读一些有关中国文化的经典资料。在这里我们特别感谢饶宗颐和叶嘉莹两位大师前辈的指导与支持,他们还担任了本丛书的顾问。

中国文化崇尚"天人合一",中国人写书也有"究天人之际,通古今之变"的理想,甚至将书中的内容按照宇宙的秩序罗列,比如中国古代的《周礼》设计国家制度,按照时空秩序分为"天地春夏秋冬"六大官僚系统;吕不韦编写《吕氏春

---

① 费孝通:《经济全球化和中国"三级两跳"中的文化思考》,《光明日报》2000年11月7日。

秋》,按照一年十二月为序,编为《十二纪》;唐代司空图写作《诗品》品评中国的诗歌风格,又称《二十四诗品》,因为一年有二十四个节气。我们这套丛书,虽不能穷尽中国文化的内容,但希望能体现中国文化的趣味,于是借用了"二十四品"的雅号,奉献一组中国文化的小品,相信读者一定能够以小知大,由浅入深,如古人所说:"尝一脔肉,而知一镬之味,一鼎之调。"

2015 年 7 月

目　录

绪　言

一

　　"九流十家"的称谓,来自东汉初年班固的《汉书·艺文志·诸子略》。《汉书·艺文志》是我国迄今能看到的最早的一份分类书目,它把当时所有的书籍分为六类,称为六略,即:六艺略(经学)、诸子略、诗赋略、兵书略、术数略(天文、历谱、五行、蓍龟、杂占、形法)、方技略(医术、仙术)。其中的"诸子略"一类,包括儒、道、阴阳、法、名、墨、纵横、杂、农、小说家十小类,这就是所谓"九流十家"。自此,人们就以"九流十家"指称先秦诸子。为什么有"十家"却称为"九流"呢?这是因为班固轻视小说家,说他们的著作是"街谈巷语,道听途说者之所造也",与其他各家思想不可同日而语。

班固在《汉书·艺文志》中对先秦诸子有一个总的评价，包括以下三层意思：

第一，诸子十家，其可观者只有九家而已。就是说，小说家没有什么思想价值，微不足道。

第二，"九流十家"的思想，是在"王道既微，诸侯力政"的情形下产生的。春秋晚期以来，礼崩乐坏，政治失序，社会混乱，周王朝的权威迅速衰弱，而各国诸侯却肆无忌惮地扩张、掠夺，战争频仍，人命微贱。因此，诸子各出学说、纷纷游说诸侯的目的，乃是为了救世。由此我们可以知道，"九流十家"并非"坐而论道"之学，而是植根于时代的社会现实，为现实的社会人生提供救赎的思想和办法。换言之，"九流十家"并不是一般意义上的"哲学"思想，而是解决现实问题的政治思想和社会人生思想。

第三，"九流十家"的思想主张虽然各不相同，但并不是水火不容的，它们之间其实有可相通之处。以先秦影响最大的儒（仁义）、墨（爱利）、道（自然无为）、法（法术势）四家为例，虽然他们在根本思想倾向上往往互相指斥，各自鲜明独立，形如水火，但是，诸如仁爱、尚贤、反战，是儒、墨共同的主张；人性的根本是静定，处世要清心寡欲，是儒、道共同的认识；而人性本恶，又是荀子和法家共同的思想基础；因变、以静制动，又是道、法两家共同的理念；君主专制、集权，是墨、法共同的主张；循名责实、名副其实，又是儒、墨、法共同的思想；等等。这就是班固所谓"其言虽殊，辟犹水火，相灭亦相生也"。明白了这个道理，我们对"九流十家"的理解，就可以避免简单化：既要看到不同学派思想根本的不同，也要看到它们可以相通的部分；同样的，在同一学派之中，我们也要弄清各个不同的思想家之间的思想分歧（如孔子、孟子和荀子的不同，老子和庄子的差异等）。

二

中国古代思想的特征或主流,是集中关注现实的社会人生问题,不作超现世的神思,也不作远离实际生活的冥想。这个思想文化传统,是自先秦诸子就已经奠定了的。梁启超在《先秦政治思想史·序论》中就说:

> 人类全体文化,从初发育之日起截至西历十五六世纪以前,我国所产者,视全世界之任何部分,皆无逊色。虽然,我国文化发展之途径,与世界任何部分皆殊其趋。故如希伯来人、印度人之超现世的热烈宗教观念,我无有也;如希腊人、日耳曼人之瞑想的形而上学,我虽有之而不昌;如近代欧洲之纯客观的科学,我益微微不足道。然则中国在全人类文化史中尚能占一位置耶?曰:能。中国学术,以研究人类现世生活之理法为中心,古今思想家皆集中精力于此方面之各种问题。以今语道之,即人生哲学及政治哲学所包含之诸问题也。盖无论何时代何宗派之著述,未尝不归结于此点。坐是之故,吾国人对于此方面诸问题之解答,往往有独到之处,为世界任何部分所莫能逮。吾国人参列世界文化博览会之出品,恃此。①

梁启超这个论断,或有不太精准的地方,但大体不错,中国古代思想的主要内核,的确是政治思想和社会人生思想。中国古代思想家关注世界的着眼点,更多在现世而不在来世,这有别于国外的宗教思想;中国古代思想家的思想,更多

---

① 梁启超:《先秦政治思想史》,东方出版社,1996 年。

倾向于现实的社会人生,这有别于国外的高度抽象、纯粹理性的哲学思辨;中国古代思想家主要致力于人文社会科学思考,而非自然科学。而这种思想文化传统,就发源于、奠定于先秦诸子百家争鸣的时代。

蒋伯潜、蒋祖怡在《诸子与理学》一书中曾说:"我国的学术思想,能卓然成为时代思潮、在文化史上划一时期的,当推周秦诸子、两汉及清代的经学、隋唐佛学、宋明理学四者。"①这是对先秦诸子在中国思想文化史上所处地位的准确评断。在春秋战国那个社会剧烈变动、思想极为活跃的时代,一批满怀社会责任感的知识人,深思立说,游说救世,儒、墨、道、法、名、阴阳,奇思妙想,百家争鸣,共同造就了一场思想的盛筵。后世的经学、佛学、理学,莫不受到先秦诸子思想的霑溉。中国传统思想文化的基调和走向由此确立,中华民族的精神格局由此奠定。先秦九流十家,当之无愧地成为中国古代思想文化的渊薮。

所以,要想了解中国文化的基本内涵和特征,不能不熟知九流十家,要想深入理解后世某一时期的某种思想文化,也必先熟知九流十家。欲察其流,必索其源,九流十家在中国思想文化中的地位,大概如此。

三

关于本书的写作,需要略作说明:本书虽名为《九流十家》,但只讲述儒、道、墨、法、名、阴阳六家的思想,而不涉及纵横、杂、农、小说四家。这是因为"九流十家"之中,除了班固不屑一顾的小说家外,纵横家、杂家、农家的思想性也比较薄弱:纵横家致力于政治博弈,他们的思想主张往往带有很

---

① 蒋伯潜、蒋祖怡:《诸子与理学》,上海书店出版社,1997年。

强的政治功利性甚至投机性,其思想内涵,大抵也不过"横成则秦帝,纵合则楚王"而已;杂家兼取其他各家思想,其思想的特征性和代表性都不够鲜明;农家则多为身体力行的实践家,所述往往是农业技术,而且他们的著作全都已经散佚。所以,这四家就无从谈或无需谈了。

现在,就让我们去享受百家争鸣的饕餮盛宴吧。

本仁行义、以礼辅仁的孔孟

要想了解儒家的基本思想,首先需要弄清什么是"儒"。让我们先来看古人的解释。东汉许慎的《说文解字》,是今天能看到的最早的字典,它解释"儒"字说:"儒,柔也,术士之称。"清人徐灏《说文解字注笺》解释道:"人之柔者曰儒,因以为学人之称。"与此相同的说法还有很多,如《后汉书·杜林传》:"博洽多闻,时称通儒";宋人邢昺《论语·雍也疏》:"博学先王之道以润其身者,皆谓之儒";明人梅膺祚《字汇·人部》:"儒,学者之称"。简单地说,"儒"就是学者,凡是有学问的人都可以称为"儒",并不限于某种思想学问。换言之,"儒"所传习的知识学问,不限于今天所说的儒家之道。《说文解字》所谓"术士",包括精通各种思想、掌握各种知识技能的人("术"字的本义就是"道路"、"路径")。《后汉书·杜林传》所谓"博洽多闻"、邢昺所谓"博学先王之道",也都是这个意思,不限于今天所说的儒家。

此外,"儒"还有另一个含义,见于《周礼·天官·太宰》郑玄注:"儒,诸侯保氏有六艺以教民者。"唐人贾公彦在《周礼疏》中解释说:"诸侯师氏之下,又置一保氏之官,不与天子保氏同名,故号曰儒,掌养国子以道德。"意思是说,"儒"是诸侯设立的一个官职,类同于周天子的"保氏"。因为不能和天子的官职同名,所以改称为"儒"。"儒"的职责,是教授诸侯子弟六艺(礼、乐、射、御、书、数)之学,教养国子的道德品格。也就是说,"儒"是由学者担任的一个官职,掌管诸侯子弟的教育。

以上是古人对"儒"的解释,基本的意思是说:儒者就是传习各种思想、知识技能的学者。

近世以来,人们对"儒"有了更加全面深刻的认识,这可以章太炎的说法为代表。他在《原儒》一文中,把"儒"区分为达名、类名、私名三种含义:

> 达名之儒:儒者,术士也。……道、墨、刑法、阴阳、神仙之伦,旁有杂家所记,列传所录,一谓之儒。
>
> 类名之儒:儒者,知礼、乐、射、御、书、数。
>
> 私名之儒:《七略》曰:"儒家者流,盖出于司徒之官,助人君顺阴阳、明教化者也。游文于《六经》之中,留意于仁义之际。祖述尧舜,宪章文武,宗师仲尼,以重其言。"

章太炎从概念宽狭的角度,解说了"儒"的三种内涵:广义的"儒"(即达名之儒)是指一切学者,也就是《说文解字》中所说的"术士";义域稍窄一些的"儒"(即类名之儒)指熟知六艺之人,也就是《周礼·天官》中所说的"保氏";狭义的"儒"(即私名之儒)才大体接近我们今天所说的儒家。

　　章太炎的解说,既符合史实,又分辨明晰,有助于后人厘清对"儒"和"儒家"的模糊认识。并且还可以使人进一步认识到,"儒"和"儒家"是随着历史进程而不断演变的,不同历史时期的儒家及儒家学者,其知识渊源、思想构成,是有所变化的,有时变化还很大。因此,今天我们了解、评述儒家思想时,不可以泛泛地、笼统地去谈,而要有历史演进的视角和观念。

　　明白了"儒"的含义,我们就可以走近开拓儒家学派的孔子、孟子了。

主仁倡礼的孔子

孔子(前 551—前 479),名丘,字仲尼,春秋时期鲁国陬邑(今山东曲阜)人,儒家学派的创始人,伟大的思想家、教育家。据《史记·孔子世家》记载,早年的孔子曾经从政,担任过鲁国的司寇。后来,他带着弟子周游列国。晚年回到鲁国,专心教育学生。孔子的基本思想是主"仁"倡"礼",他对我国古代思想文化精神的确立及其发展走向,都产生了巨大而深远的影响。

了解孔子思想的内涵,主要依靠《论语》这部书。《论语》

是记录孔子及其弟子言行的语录体文集。关于它的成书问题，《汉书·艺文志》说：孔子平时常常与他的弟子、时人相互问答交谈，他的弟子们就把这些谈话内容记录下来。孔子逝世后，他们就把各自的记录整合编辑成书册，称为《论语》。这说明，《论语》并非出自一时一人之手。《论语》中提到曾子将死，这已经是孔子死后几十年的事情了，因此，虽然不能确定《论语》编辑成书的准确时间，但最早也应当在春秋末到战国初期之间。

到了汉代，经历了战国时期各国几代学者的传承，出现了三种不同版本的《论语》，即：《齐论语》《鲁论语》和《古论语》。《齐论语》出自齐国学者，有 22 篇；《鲁论语》出自鲁国学者，有 20 篇；《古论语》是从孔子故居的夹壁中找到的，有 21 篇。后来《齐论语》《古论语》都亡佚了，我们今天看到的通行本《论语》是《鲁论语》。

古今学人都一致认为，孔子的思想精要，在于"仁"和"礼"。"礼"、"仁"是春秋时期思想文化的重要组成部分，不过两者有一个此消彼长的演进趋势：春秋末年之前，人们更多看重"礼"；到春秋末孔子的时代，才开始把"仁"提升到重于"礼"的地位。以《左传》和《论语》为例，《左传》讲"仁"33次，讲"礼"462 次；而《论语》讲"仁"109 次，讲"礼"75 次。这个数字变化，能够说明"礼"、"仁"消长的大趋势，是一个非常值得注意的变化，带有本质的意义。春秋末之前，思想文化还在一定程度上保持着西周时代的惯性，虽然五霸各立，但周礼仍然处于社会政治思想文化的显要位置；到了春秋末战国初，诸侯纷争已经到了白热化程度，战乱频仍、民不聊生，社会上人人自危，种种人性的弱点在极端环境之下暴露无遗。心系百姓的孔子，开始将思想的核心向更为内化的方向调整，由"礼"而"仁"，以"礼"辅"仁"，奠定了儒家思想主导两千年中国思想史的始基。

那么,孔子所讲的"仁"和"礼"究竟是什么意思呢?

一、"仁"的内涵

《论语》频繁地讲说"仁"的观念,有孔子在不同场合、对不同的弟子讲说"仁"的含义,也有他的弟子对"仁"的理解和阐述。乍看上去,似乎庞杂无统,甚至此处与彼处所说的含义毫不相干,但是如果作一通盘的梳理,就可看到一个层级分明的思想体系。概括起来,"仁"包含三个层级的内涵,即:血缘伦理、成人品格和社会伦理。

"仁"第一个层级的内涵是血缘伦理。这是"仁"最基础性的内涵。《论语·学而》记载了孔子弟子有若对"仁"的理解:"其为人也孝弟(悌),而好犯上者,鲜矣;不好犯上,而好作乱者,未之有也。君子务本,本立而道生。孝弟也者,其为仁之本与!"有子认为,孝悌是做人的根本,也是"仁"的根本。一个人如果孝顺父母、敬爱兄弟,他就不会犯上作乱、危害社会。孝悌作为血缘伦理的基础,是一个人为"仁"的根本所在。在以血缘伦理维系家庭及社会关系的中国古代,"仁"的这个基本含义,奠定了孔子"仁学"坚实的现实基础,同时也根本性地规定了孔子"仁学"的致用性质。

"仁"第二个层级的内涵是成人品格。《论语》讲"仁",指向成人品格方面的内涵十分丰富,以下两点最具根本意义:

第一,仁者爱人。《论语·颜渊》记载,樊迟问孔子什么是"仁",孔子的回答十分简要:"爱人。"爱别人就是"仁",这是个不难理解的道理。可是怎样才是"爱"呢?孔子解释说:"举直错诸枉,能使枉者直。"就是用正直的人或事去纠正邪枉的人或事,这就是爱人,也就是仁。樊迟的同学子夏又进一步明确阐述:"舜有天下,选于众,举皋陶,不仁者远矣。汤有天下,选于众,举伊尹,不仁者远矣。"可见,爱他人不仅仅是情感的亲近,更是以是正其非、以善纠其恶,这才是对他人最大的爱。孔子还说,"己欲立而立人,己欲达而达人"(《论语·雍也》),"己所不欲,勿施于人"(《论语·颜渊》),这一正一反相对的表述,都是一个意思:君子成人之美,不陷人于恶。这样去爱他人,就不仅仅是情感的亲近,更是做人的高尚品德修养。这样的爱人之心,是养成君子人格的基础和关键。

孟子对"爱人"作了进一步阐发。他说:"君子所以异于人者,以其存心也。君子以仁存心,以礼存心。仁者爱人,有礼者敬人。爱人者,人恒爱之;敬人者,人恒敬之。"(《孟子·离娄下》)孟子所谓的"以仁存心"之"心",就是他所谓"仁,人心也"(《孟子·告子上》)之"心"。这个心是人性中纯然的善良之端:"恻隐之心,仁之端也。……苟能充之,足以保四海,苟不充之,不足以事父母。"(《孟子·公孙丑上》)在高扬性善论的孟子看来,"爱人"是仁者修身、齐家、治国、平天下的本然素质。

第二,克己复礼。颜渊是孔子最为钟爱的弟子之一,他也曾经向孔子请教"仁"的内涵,孔子对他说:"克己复礼为仁。一日克己复礼,天下归仁焉。为仁由己,而由人乎哉?"颜渊请老师讲得具体些,孔子回答:"非礼勿视,非礼勿听,非礼勿言,非礼勿动。"(《论语·颜渊》)从中可以得出,孔子认为,约束自己,使自身的言语行为都合乎礼的规范,就自然成仁。而守"礼"成"仁",并不需要外部力量的督促,只需每个人发挥本心、身体力行即可。换言之,因为"礼"是辅助"仁"的,二者相通相成,而每个人都固有"仁"之心,所以,只要你自觉并自然表现,就可以守"礼"成"仁"了。所以孔子又说:"仁远乎哉?我欲仁,斯仁至矣。"(《论语·述而》)那为什么还需要"克己复礼"（约束自己守礼）呢？这是因为人会被现实的利欲所迷惑，蒙蔽本心，丢失本性，"克己复礼为仁"就是通过让人守礼，从而回归其本心本性，即以"礼"辅"仁"。克己复礼，是养成君子人格的基本途径。

需要注意的是，"克己复礼"的表述，容易让人联想起孔子对周礼的赞颂与神往，进而得出"仁"是复兴周礼的手段的结论①。这样的理解，是主辅颠倒的。"克己复礼"的含义，不能脱离"克己复礼为仁。一日克己复礼，天下归仁焉"这个语境去孤立地解读，孔子在这里讲述的核心问题是"仁"而不是"礼"，这一点很明确。孔子强调"为仁由己"，正是因为"仁"是一种内在的品格，而"礼"只是一种外在规范。他告诉颜子不合礼的东西不看、不听、不说、不做，实质是以遵循礼为手段和途径，以达到仁的境界。关于"礼"和"仁"的关系，后面我们还要专门讲解。

此外，《论语》还对君子人格有多方面的具体要求：

"先难后获"。《论语·雍也》记载，孔子的弟子樊迟向孔子请教"仁"的内涵，孔子告诉他："仁者先难而后获，可谓仁矣。"汉代大儒孔安国解释孔子的这段话说："先劳苦而后得功，此所以为仁。"也就是说，仁者做事要能够在艰难困苦中坚持不懈，通过积极顽强的努力，最终取得成功。这种百折不挠、愈挫愈勇的品质，是"仁"的重要内涵。孟子说："天将降大任于斯人也，必先苦其心志，劳其筋骨，饿其体肤，空乏其身，行拂乱其所为，所以动心忍性，曾（增）益其所不能。"（《孟子·告子下》）就是对孔子这个思想的发挥。

"博学、笃志、切问、近思"。孔子的学生子夏说："博学而笃志，切问而近思，仁在其中矣。"（《论语·子张》）这是"仁"

---

① 李泽厚：《中国古代思想史论·孔子再评价》，人民出版社，1985年。

在学习方面的内涵。宋代大儒朱熹在《四书章句集注》中解释这段话:"博学而志不笃,则大而无成;泛问远思,则劳而无功。"君子一定要博学,要广泛地涉猎知识,但同时还要有明确坚定的志向,而非泛泛去学,否则终将一事无成。同时,学问不止于学,还要问(探求)。仁者之问要有现实的针对性,不能空泛不切实际,这就是"切问"。切合什么实际呢?根据孔子的一贯主张,就是切合现实社会人生的各种问题。所谓"近思",也是指不务玄远,专心思考现实的社会人生问题。《论语·述而》记载:"子不语怪力乱神。"《论语·公冶长》记载:"夫子之言性与天道,不可得而闻也。"怪力乱神,性与天道,都是远离现实社会人生的事,无助于教化人格,所以孔子不谈。孔子的这个思想,虽是就学习而发,但因为儒家特别重视学习,把学习视为培养君子人格的最重要途径,所以,博学、笃志、切问、近思,就成为孔子"仁学"的重要内涵之一。

"仁者,其言也讱"。孔子有一个叫司马牛的弟子,性格多言急躁。他问孔子什么是"仁",孔子就回答他:"仁者,其言也讱。"表面的意思是说,仁者都是言语迟钝的。司马牛接着追问:言语迟钝就算是仁了吗?孔子答道:"为之难,言之得无讱乎?"(《论语·颜渊》)由此可见,孔子所谓"仁者,其言也讱"的意义,并非简单地指仁者在言语上的特点,更重要的是强调言行一致,由于为仁艰难所以仁者才语出迟钝。那么,这是否只是孔子针对司马牛个性缺点而因材施教呢?果真如此,"其言也讱"还能够作为"仁"的内涵之一么?实际上,孔子曾在不同场合,对不同的对象,都强调过"仁"的这一内涵。如他说:"刚、毅、木、讷近仁。"(《论语·子路》)在孔子眼中,一个仁者的形象应该是刚强、果敢、质朴而寡言少语、不善言辞、言语迟滞的。刚强、果敢、质朴三者作为对仁者的品质要求都不难理解,可是为什么"讷"也是仁者的一个特征呢？孔子从反面对此做出了解答："巧言令色，鲜矣仁。"（《论语·阳货》）他认为喜欢花言巧语，永远摆着一副伪善的面孔以取悦于人的人，很难具有"仁"的品质。因为美丽的言语和外表都只是虚饰而已，若言行不一，就有碍于"仁"的践行。而孔子主张排斥华而不实，是极具实践理性的。从某种程度上说，孔子强调"切"、"讱"和反对"巧言令色"，都是在强调"仁"是一种内在品格，这种品格应该落实和体现在为人处世的行动之中，而不是停留在夸夸其谈的言语之上。

"仁"第三个层级的内涵是社会伦理。在以天下为己任的儒者的价值观中，实现个体价值的终极目标，往往是通过社会价值的实现而达成的。这一点，在孔子思想的核心概念"仁"的内涵之中，体现得最为鲜明——上述那些指向血缘伦理和成人品格的内涵，大多也同时具有社会伦理的意义。如"孝悌为仁之本"，讲的虽是父子兄弟这种血缘关系，但它同时也是一种社会关系，是血缘伦理，同时也是最基本的社会伦理。再如"仁者爱人"，是对个人品质的要求，个人首先需要有爱人之心；而它的实现过程则必然要呈现在人际之间，这就使它自然而然地具有社会伦理的特征。又如"克己复礼为仁"也是如此，"克己"直指人心，它要求个人品格中应具有自我约束力；而"复礼"则是遵循外在的社会行为规范，是个人在社会生活中的行为准则。"克己复礼"之"仁"，既是对个人品格修养的要求，也是对每个人社会行为准则的规定，因而也具有社会伦理意义。

这种情形其实不难理解。孔子倡导"仁"，实质就是通过对人的教化，营造和谐健康的社会环境。而个人都必然生活在人群（社会）之中，个人应具备的品格，也只有放置到人群（社会）之中去才有价值和意义。因此，"仁"的各种内涵，往往兼具成人品格和社会伦理双重意义，就是必然的且容易理解的了。

《论语》中关于"仁"的论说，除了上述那些兼具成人品格和社会伦理双重意义的言谈外，还有一些更直接体现为社会伦理的讲述，如：

"恭、敬、忠"。樊迟又有一次问孔子什么是"仁"，孔子说："居处恭，执事敬，与人忠。"(《论语·子路》)这是从社会生活的角度说"仁"的含义：平常居家的时候，要容貌端正、态度庄严，工作的时候，要敬业认真，对待别人要忠诚。孔子认为，这样的人就是仁者。

"恭、宽、信、敏、惠"。弟子子张问孔子"仁"是什么，孔子回答他说："恭，宽，信，敏，惠。恭则不侮，宽则得众，信则人任焉，敏则有功，惠则足以使人。"(《论语·阳货》)这是说，能够遵行恭谨、宽恕、诚信、勤敏、慈惠这五种品格，就是仁者。待人庄重恭谨，就不会招来别人的侮辱；为人宽容，就会得到大家的拥护；做人诚实守信，就会得到别人的任用；做事勤敏，就容易成就功业；待人慈惠，别人就乐意为你所用。这里所说"仁"的五个内涵，都是讲仁者的为人处世之道，都属于社会伦理。

"己欲立而立人，己欲达而达人"。子贡问孔子：如果有一个人，能够施恩于大众，帮助大家过上好日子，他可以算是仁者么？孔子道：这人可不仅仅是仁者啦，他可以称得上是圣人啊！像尧、舜这样的明君都不一定做得到呢！"夫仁者，己欲立而立人，己欲达而达人。"(《论语·雍也》)就是说，真正的仁者，不仅自己能够岸然立世，还能够帮助别人雄立于世；不仅自己能够达成事功，还能够帮助别人达成所愿。可见，孔子心目中的仁者，不但要有高尚仁义的品格，还应该将这种品格推广于社会，培养更多的仁者。

"己欲立而立人，己欲达而达人"的另一种表述，是"己所不欲,勿施于人"。仲弓问孔子什么是"仁",孔子回答说:"出门如见大宾,使民如承大祭。己所不欲,勿施于人。"(《论语·颜渊》)意思是说,仁者外出公干时,对待他人要像接待贵宾一样恭敬有礼;管理百姓时,要像做大祭司一样庄重谨慎。自己不喜欢的事务,不要强加给别人。这段话虽是在社会工作的语境里说的,但具有普泛意义。"己所不欲,勿施于人"与"己欲立而立人,己欲达而达人",从一反一正两个方面,强调了为"仁"应该推己及人的社会伦理要求。

以上,我们把《论语》讲说"仁"的基本内容,归纳为血缘伦理、成人品格和社会伦理三个层级的含义。这样一来,从《论语》说"仁"貌似散乱的片言只语中,我们看到了一个系统的"仁"的观念:血缘伦理是为人的根本,成人品格是对个人素养的静态的要求,社会伦理则是对个人社会活动的动态的规范。这三个层级,由内而外,由个人到群体(社会),构建起一个严密的"仁"的思想体系。这个思想体系的指向或根本目的,就是营造以"仁"为核心理念的和谐社会。

二、礼的内涵以及仁与礼的关系

相对于"仁"而言,孔子所讲的"礼",其内涵比较容易理解。大体说来,它就是指周礼。《论语》中解释"礼"的话,概括起来有以下几方面的内容:

第一,由礼的来源说明礼的普泛价值和恒常意义。《论语·为政》记载,子张问孔子今后十代的礼仪制度是否能够预知,孔子说:"殷因于夏礼,所损益,可知也;周因于殷礼,所损益,可知也。其或继周者,虽百世,可知也。"这是说,殷商的礼制是继承夏代的,周代的礼制是因袭殷商的,后代或有所变革,但是都能够考察清楚。因此,不仅是周代以后的朝代,即使是之后的一百代,他们的礼制都是可以预知的。孔子的话,其深意在于:礼制对于人类社会而言具有普泛价值,因此也就具有了恒久性。新的世代鉴于新的客观情势,可能会对先代礼制有所损益,有所增删变改,但礼制的基本原则和内核是恒久不变的。

第二,强调以礼教民的重要作用。这样的例子在《论语》中有很多。如孔子说:"道之以政,齐之以刑,民免而无耻;道之以德,齐之以礼,有耻且格。"(《论语·为政》)这是说,如果用政令和刑罚(法律)来指导、约束人民,其结果固然可以让人民避免违规犯罪,但同时也让他们失去了羞耻心(伦理道德);而如果用道德和礼制来引导、规范人民的思想行为,那结果就不仅仅是避免违规犯罪,更令人民有了羞耻心,可以道德自律,并且会亲近、归服当政者及其政权。又如孔子教育自己的儿子孔鲤说:"不学礼,无以立。"(《论语·季氏》)同样的话,《论语·尧曰》也有记载。所谓"无以立",就是不能成为合格的社会人,不能立足于社会。可见,大到管理人民,小到成人品格,礼制教化都是至关重要、不可或缺的。

第三,以礼治国,自然是孔子思想中必有之义。如他说:"能以礼让为国乎?何有?不能以礼让为国,如礼何?"(《论语·里仁》)这是说,以礼治国就没有难事,不以礼治国则是行不通的。又如:"君使臣以礼,臣事君以忠。"(《论语·八佾》)等等。孔子的弟子有若,把以礼治国讲得很概括:"礼之用,和为贵。先王之道,斯为美;小大由之。有所不行,知和而和,不以礼节之,亦不可行也。"(《论语·学而》)就是说,礼治是先王的治国之道,事无大小,都必须依礼而行。

以上讲"礼"的性质意义,讲"礼"在教民、治国中的重要作用,从而彰显"礼"崇高的价值和意义,这些都是比较容易理解的。

接下来的问题是:孔子最看重"仁",同时也极重视"礼",

那么,在孔子的思想中,"仁"和"礼"究竟是什么关系呢？我们先看一段文字:

> 子夏问曰:"'巧笑倩兮,美目盼兮,素以为绚兮。'何谓也?"子曰:"绘事后素。"曰:"礼后乎?"子曰:"起予者商也,始可与言《诗》已矣。"(《论语·八佾》)

子夏(名卜商)所问的诗句,见于《诗经·卫风·硕人》。这首诗的内容,是赞美卫庄公夫人庄姜。这几句描写的是庄姜的美貌。有意思的是,子夏是孔子弟子中最懂得《诗经》的人,他难道不明白这三句诗的意思吗？更有意思的是孔子的答语——"绘事后素"。素是作画用的白绢,孔子说作画要先有白绢然后构图施色。这个回答,跟理解那三句诗有什么关系呢？然后,子夏深有所悟,再发问:"礼后乎?"这个发问,与作画又扯不上关系了,距离理解那三句诗就更是风马牛不相及了。最后就是孔子对子夏的大加赞赏,说子夏有资格跟他谈《诗》了。如果不理解背后的深意,这段对话真可谓云苦雾罩,不知所云。

实际上,师徒二人这番对话的意义,第一是强调"礼"的重要性。"素以为绚",是说天生丽质的庄姜又化了妆,便更见其美丽。子夏由此想到,本质纯良的人,如果再以"礼"来修饰,就会持续保有仁德。第二是蕴涵着"仁"与"礼"的关系,那就是以"礼"辅"仁"。孔子说"绘事后素",子夏问"礼后乎",都含有这层意思。

《论语》中比较明显地体现"仁"与"礼"关系的话,有两段。一段是:"人而不仁,如礼何？人而不仁,如乐何?"(《论语·八佾》)另一段是:"克己复礼为仁。一日克己复礼,天下归仁焉。"(《论语·颜渊》)前一段话的意思是:做人如果不仁,要礼(乐)还有什么用呢?后一段话的意思是:约束自己遵守礼制,就是仁。两段话说法相反而意义相成:人而不仁,礼即便存在也没有意义;而律己守礼,则自然归于仁。可见,在"仁"、"礼"两者中,"仁"是根本也是目的,它无疑具有最核心的意义。

"仁"主"礼"辅,或者说以"礼"辅"仁",这个重要思想在《论语》中并不鲜见,我们再举两例。林放问孔子"礼之本",孔子说:"大哉问!礼,与其奢也,宁俭;丧,与其易(周备)也,宁戚。"(《论语·八佾》)这是说,与其把礼仪的形式搞得很奢华,不如务实节俭一些;举行丧礼,与其形式礼节周到细致,不如内心真的哀痛。孔子说林放的提问是"大哉问",表明这是个非常重要的问题;而对于如此重要的问题,孔子把强调的重点放在了"礼"内在的本质上面,把礼仪形式放在了次要地位。同样含义的说法,又如:"礼云礼云,玉帛云乎哉?乐云乐云,钟鼓云乎哉?"(《论语·阳货》)意思是钟鼓、玉帛这些礼器形制,并不是"礼"的精神实质。这两个例子,都强调礼仪形式不如"礼"的本质更要紧。"礼"的本质(归宿)是什么呢?毫无疑问,就是"仁"。

三、立于仁礼、成于和乐的人生态度

《论语》中所体现的孔子思想,当然不止于"仁"和"礼",还有其他很多丰富的政治思想、教育思想和人生观念。古人有"半部《论语》治天下"的说法,既可见《论语》的"社会政治思想"性质,也显示了它思想的丰富蕴涵。在这里我们不想涉及太宽,只抓住其核心思想"仁"和"礼"即可。但是,孔子的人生态度,还是一个有趣并且需要分辨的问题。

在一般人的印象中,儒家都是积极进取的,从"天行健,君子以自强不息"(《易·乾·象传》)、"知其不可而为之""深

则厉,浅则揭"(《论语·宪问》)、"鸟兽不可与同群,吾非斯人之徒与而谁与"(《论语·微子》)等说法中,就鲜明可见。因此,当读到"一箪食,一瓢饮,在陋巷,人不堪其忧,回也不改其乐"(《论语·雍也》),"饭疏食饮水,曲肱而枕之,乐亦在其中矣"(《论语·述而》),尤其是"无为而治者,其舜也与! 夫何为哉? 恭己正南面而已矣"(《论语·卫灵公》)一类的"子曰"时,就有点摸不着头脑了,不免疑惑:孔子的人生态度何其矛盾! 实际上,疑惑乃是缘于对孔子思想理解不够全面透彻。

"饭疏食饮水,曲肱而枕之,乐亦在其中矣"、"一箪食,一瓢饮,在陋巷,人不堪其忧,回也不改其乐",孔子、颜回这种与世无争、潇散闲逸的人生态度,后人总结为"孔颜之乐"。那么究竟什么是孔颜之乐? 它与孔子积极进取的人生态度又有着怎样的关系呢? 我们先来讲一个《论语·先进》中的故事:

一天,子路、曾皙、冉有、公西华陪孔子坐谈。孔子看着几个意气风发的弟子,就问他们:你们平时都抱怨怀才不遇,假如有人赏识任用你们,你们会如何发挥自己的才能呢? 子路、冉有、公西华都回答说,自己可以治理好一个诸侯国、一个城邑,或是胜任一个重要的官职。只有曾皙,表示自己的志向与他们不同,他向往着:暮春时节,穿着新做好的春装,相约五六个大人,带着六七个孩子,去沂水之畔洗洗澡,到舞雩台上呼吸呼吸新鲜空气,再一路吟唱着诗歌回家去。令子路他们没想到的是,孔子竟然说:我跟曾皙想的一样啊!

为什么一生积极进取、奔波劳碌的孔子,不去赞赏前三个人积极进仕的理想,却与闲散恬淡的曾皙一拍即合呢? 联系我们经常看到的"知其不可而为之"的孔子形象,似乎孔子的人生态度真的有矛盾的两个方面:第一,百折不挠,积极进取;第二,闲散洒脱,无所追求。

其实并不是这样。孔子自己曾经说过他的人生态度:"君子之于天下也,无适也,无莫也,义之与比。"(《论语·里仁》)又说:"无可无不可。"(《论语·微子》)还说"危邦不入,乱邦不居。天下有道则见,无道则隐"(《论语·泰伯》),"用之则行,舍之则藏"(《论语·述而》)。由这些言论可见,孔子对于人生的出入进退,乃是采取一种"无可无不可"的态度。但是,"无可无不可"并不是没有原则和底线,更不是放弃信仰和理想。所谓"无适也,无莫也,义之与比",清楚地讲明了虽然"无可无不可",但要坚守"义"的原则。孔子说:"君子无终食之间违仁,造次必于是,颠沛必于是。"(《论语·里仁》)"仁"与"义"是可以相通的概念,这就是孔子出入进退的根本原则,是他的信仰,他是在这个原则和信念下"无可无不可"的。所以他说:"君子谋道不谋食。耕也,馁在其中矣;学也,禄在其中矣。君子忧道不忧贫。"(《论语·卫灵公》)"天下有道则见,无道则隐。邦有道,贫且贱焉,耻也;邦无道,富且贵焉,耻也。"(《论语·泰伯》)可见,他的"无可无不可",与道家纯任自然的理念是不同的,在"无可无不可"之中,他有一个持守不移的原则——道义、仁义。

"孔颜之乐"的深一层含义,要理解"乐(lè)"是儒家一个非常重要的思想。在儒家,"乐"不仅仅是一种心理情感或情绪,更是一种人生境界。孔子说:"知之者不如好之者,好之者不如乐之者。"(《论语·雍也》)这两句话,可以适用于人生中任何值得去做的事情。从普泛的立场来看,这两句话表明的是一种人生态度和境界——一种和乐的生存心态。孔子说:"学而时习之,不亦乐乎。"(《论语·学而》)"知者乐水,仁者乐山。知者动,仁者静。知者乐,仁者寿。"(《论语·雍也》)可以看到,乐学,乐山,乐水,乃至于"饭疏食饮水,曲肱而枕之,乐亦在其中"等,孔子之"乐",几乎遍及人生的各个方面。它们所昭示的,正是一种和乐的人生态度、人生境界。

这种和乐的心态,成为后世儒家共同追求的人生境界。孟子反复游说诸侯要"与民同乐",他自己总是持有并享受着人生的乐感:"万物皆备于我矣。反身而诚,乐莫大焉。""君子有三乐……父母俱存,兄弟无故,一乐也;仰不愧于天,俯不怍于人,二乐也;得天下英才而教育之,三乐也。"(《孟子·尽心上》)汉代儒者发挥这个观念说:"心中斯须不和不乐,而鄙诈之心入之矣。"(《礼记·乐记》)强调"和乐之心"对于卑劣欺诈之心的防范作用。直到宋明时期,大儒邵雍仍高吟:"高竹数十尺,仍在高花上。柴门昼不开,青碧日相向。非止身休逸,是亦心夷旷。能知闲之乐,自可敌卿相。"(《伊川击壤集·高竹八首》之七)王阳明则告诫人们不可有"忿懥之心":"凡人忿懥着了一分意思,便怒得过当,非廓然大公之体了。故有所忿懥,便不得其正也。如今于凡忿懥等件,只是个物来顺应,不要着一分意思,便心体廓然大公,得其本体之正了。"(《传习录》下)当"乐"这种本是情感的东西被发散到人生的各个时段、各个方面,并被要求持守,它就不再仅仅是一种情绪而已,而是一种人生境界,具有了本体的意义。

本于仁,立于礼,成于乐。孔子的这个思想可以有多角度的解读,在这里也未尝不可以理解为"成于乐"即是成就人生的最高境界。所以,所谓"孔颜之乐"与"知其不可而为之",其实并不是矛盾的两种人生态度。它们同属于孔子所提倡的基本人生理念,并行不悖。只不过,"知其不可而为之"可能更多是针对人生的事业心而言,"孔颜之乐"则是更具本体意义的人生的基本态度。

张扬性善以达仁政的孟子

孟子（前 372—前 289），名轲，战国邹（今山东邹城）人。据《史记·孟子荀卿列传》记载，他是孔子的孙子子思（孔伋）的再传弟子。学成后，孟子曾游说齐宣王、梁惠王以及滕、鲁、宋等国，但始终没有得到各国诸侯的任用。于是，他"退而与万章之徒序《诗》《书》，述仲尼之意，作《孟子》七篇"。而《汉书·艺文志》著录的《孟子》一书有十一篇，所多出的四篇，被称为《外书》。东汉学者赵歧给《孟子》作注，认为《外书》是后人的伪作，就没有注释这四篇，这四篇后来也就亡佚了。

孟子的主要思想，有人性善、崇义黜利、仁政王道等内容。性善论，是孟子对人的根本认识，是他一切社会政治思想的基石；崇义黜利的义利观，体现着孟子对个体人格及其社会行为的根本要求；而仁政王道则是孟子的社会政治理想。孟子的这个思想体系，是对孔子思想正统的承袭和发展。所以后世往往以孔子为"圣人"，以孟子为"亚圣"，"孔孟"并称。他们开拓的儒家思想，对中华民族思想文化传统产生了巨大而深远的影响。

一、性善论

孟子主张人性本善,这是把孔子的人性观念明确化了。

从现存史料来看,孔子是较早关注人性问题的先秦学者。尽管孔子的弟子子贡曾经说:"夫子之文章,可得而闻也。夫子之言性与天道,不可得而闻也。"(《论语·公冶长》)但是,这句话恰恰透露出孔子以为性与天道有某种联系的思想踪迹。而且,从《论语》来看,孔子也并非只字不提人性,只是不多讲、不愿讲而已。《论语·阳货》就记载:

> 子曰:"性相近也,习相远也。"子曰:"惟上知与下愚不移。"

在这里,孔子就谈到性。只是他的表述非常简约,不足以阐明他关于人性的看法,我们只能从历代儒家学者对这段话的解释中,去寻求孔子关于人性论的思想线索。西汉大儒孔安国认为孔子侧重于后天的学习,认为学习可以导致人的善或者恶,所以"君子慎所习"。北宋邢昺进一步解释了孔安国的说法,他认为这段话是说君子应当慎其所习。性是人的自然禀赋,在被外界事物感染之前,人性是静态的,是趋向于一致的。当人开始接触外物,他的性就开始了后天习得的过程。学到了善的成了君子,学到了恶的就成了小人,人性的差别就产生了。所以君子要注重学习。然而,这些人性可上可下,遇善则升、逢恶则坠的,都是孔子所谓的"中人";对于那些圣智之人而言,外力就无法让他向恶,而对于那些下愚之人而言,外力也难以使他向善。

按照他们的解释,孔子所说的"性相近习相远",主要是强调近朱近墨的问题,也就是强调后天学习与修养的重要性,其重点并非讨论人性本质。但是,根据"性相近"这样的话,再结合孔子"为仁由己,而由人乎哉"、"仁远乎哉?我欲仁,斯仁至矣"等说法综合考量,可知孔子对人性是充分信任的。尽管《论语》并没有明确说"相近"之"性"究竟具有什么性质,但是可以肯定,它的基本指向是人性本然状态的好的方面。

那么,既然是好的,孔子为什么不谈呢?这是因为,孔子提倡关注现实的社会人生,现实中需要思考和解决的问题太多,无暇再去探究远离社会人生实际的东西。所以孔子不仅罕言性与天道,也"不语怪力乱神"(《论语·述而》),甚至连祖宗先人也要敬而远之:"务民之义,敬鬼神而远之,可谓知矣"(《论语·雍也》),"未能事人,焉能事鬼?……未知生,焉知死"(《论语·先进》)。孔子的这种思想取向,体现着执著于现实社会问题的实践理性精神。

了解了孔子关于人性的基本认识倾向,就可以顺利理解孟子的人性论了。我们先看孟子自己怎么说吧。

《孟子·公孙丑上》中有一大段话,专门讲人的本性:每个人天生都具有"不忍人之心"——不忍加害于他人之心。比如有人看见有个婴儿就要掉到井里了,任谁都会赶快把孩子救下来。救孩子的人未必跟孩子的父母有交情,情急之下也不会想到救孩子将会在乡党朋友间获得善名,更不是因为讨厌孩子的哭闹声才去施救的。孟子说,这就说明人天然就具有善良的本性。孟子进而把人的善性,总结为恻隐之心、羞恶之心、辞让之心和是非之心,说这就是仁、义、礼、智的开端。每个人都有这"四端"之心,就像人天生都有手足四肢一样。孟子在另一段话里,又把这"四端"之心称为"良能""良知"。所谓"良能",是指不需要学习就具备的能力;"良知",是指不必经过思虑判断就具备的知识。总之,每个人生来就具有恻隐之心、羞恶之心、辞让之心和是非之心，这就是孟子"人性善"思想的基本内涵。孟子的这个看法，有很强的先验味道，所以哲学史、思想史学者大都认为孟子的人性论是唯心主义的。但同时也应该看到，孟子"人性善"的主张也并不是空想出来的，而是建立在日常生活的经验之上，是对现实人生经验的理论提炼。

孟子人性善的思想，涵蕴非常丰富。以下几点与之密切相关：

第一是"充"，就是扩充、延展、推广善性。孟子主张人性善，并不止于认定人人都具有与生俱来的仁义礼智之心，更重要的是，他要求人们将这善良的人性扩充、推展。人皆有"四端"之心，但是一般人不知道把它发扬光大，所以孟子把"充"讲得很重要、很美好："苟能充之，足以保四海；苟不充之，不足以事父母"（《公孙丑上》），"人能充无欲害人之心，而仁不可胜用也；人能充无穿逾之心，而义不可胜用也"（《尽心下》）。如果人人都能把善良的人性发扬光大，就不难构建和谐美好的社会。

第二是"学"。人性本是善良的，但是为什么还有人会去做害人的事呢？罪魁祸首是"欲"，是旺盛的欲望蒙蔽了人的善良本性。所以孟子提倡寡欲："养心莫善于寡欲。其为人也寡欲，虽有不存焉者，寡矣；其为人也多欲，虽有存焉者，寡矣。"（《尽心下》）所谓存不存者，就是指善良的本性，指仁义礼智之心。那么，怎样做到"寡欲"呢？这就要学习："学问之道无他，求其放心而已矣。"（《告子上》）也就是说，学习的目的，就是要找回被蒙蔽甚至有所丧失的善良之心。但是学什么？向谁学习？孟子的答案是向圣贤君子学习。因为"大人者，不失其赤子之心者也"（《离娄下》）。所谓"大人"，是指有德行之人，就是圣贤君子。所谓"赤子之心"，就是本初善良之心。

而何以圣贤君子就能够保持"赤子之心"呢？这个问题是不能追问的。人类的很多思想，到了它终极根据的时候，都是不能追问、不能怀疑的，比如女娲造人，又是谁造了她呢？上帝创造世界，又是谁造了上帝呢？宇宙无边无际无始无终，又该怎么理解呢？这些都不能追问。孟子只是说，能够不失其赤子之心，长葆仁义礼智之心，这就是圣贤君子跟一般人的区别："君子所以异于人者，以其存心也。君子以仁存心、以礼存心。"（《离娄下》）圣贤君子是"先知""先觉"者，他们生来就如此，就是要以仁义礼智教化人民的。《孟子·万章上》记载，商汤的大臣伊尹说："天之生此民也，使先知觉后知，使先觉觉后觉也。予，天民之先觉者也，予将以斯道觉斯民也。非予觉之，而谁也？"圣贤君子就是像伊尹这样的人，他们自身可以保持仁德之心，并肩负着教化民众的天职，所以要向圣人君子学习。

第三是"养"，就是保养、长养天然的善性。孟子说："尽其心者，知其性也。知其性，则知天矣。存其心，养其性，所以事天也。夭寿不贰，修身以俟之，所以立命也。"（《尽心上》）就是说，我们不仅要认识到自身天然的善性，还需要固持保养它。公孙丑曾经问老师最擅长什么。孟子告诉他："我善养吾浩然之气。"什么是浩然之气呢？孟子说："其为气也，至大至刚，以直养而无害，则塞于天地之间。其为气也，配义与道；无是，馁也。是集义所生者，非义袭而取之也。行有不慊于心，则馁矣。"（《公孙丑上》）这段话有几个重要含义：其一，浩然之气就是仁义之道；其二，浩然之气至大至刚，有它就可以傲然鼎立于天地之间；其三，最重要的是，浩然之气不是从别处移植来的，它就存在于每个人的心里。换言之，浩然之气其实就是每个人都天然具备的仁义礼智之心。

我们只需去培养它、充实它，而不要减损它、伤害它就可以了。因此，"养气"就是"养性"，就是不要丢失赤子之心并使之发扬光大。

总之，孟子认为，每个人都有善良的本性，如果大家都能把自己的善良本性推而广之，就可以构建和谐社会。而在纷繁的利欲熏染下，人可能会一时迷失本性，这就要通过向圣贤君子学习来回归善良的本初之心。同时，人的善良本性也需要不断保养，才能永葆赤子之心。

"人性善"的思想主张，是孟子一切社会人生思想的理论基础，他的"义利观"和"仁政王道"理想，就是以此为基石建立起来的。

二、义利观

犹如"人性善"是继承发扬孔子思想一样，孟子关于"义利"的思想，也是直接继承孔子而来。孔子说过很多崇义黜利的话，如"君子喻于义，小人喻于利"（《论语·里仁》），"不义而富且贵，于我如浮云"（《论语·述而》），"见利思义"（《论语·宪问》），"见得思义"（《论语·季氏》）等。孔子直接把"义"、"利"放置一处，比较而谈，以表明他的取舍态度，褒扬义而贬黜利的思想倾向是十分鲜明的。

孟子继承了孔子的这个思想，同样态度鲜明地倡义黜利。《孟子》中有 108 次提到了"义"，下面让我们通过两个比较有代表性的事例来看看孟子的义利观：

第一件事，《孟子·梁惠王上》记载，孟子去拜见梁惠王，梁惠王对他说：老先生不远千里而来，一定会给我的国家带来很大的利益吧？孟子回答："王何必曰利？亦（只）有仁义而已矣！"毫不隐晦地亮明了态度。接着，他就讲崇义黜利的道理：如果国君总是考虑怎样对我的国家有利益，大夫总是考虑怎样对我的封地有利益,一般的士人和老百姓总是考虑怎样对我自己有利益,结果必然是上下交攻、相互逐利,国家就会混乱,国君之位也会不保。但如果倡导仁义之德,情形就不同了——仁义之人,绝不会抛弃他的父母、轻慢他的君主。所以,只应提倡仁义,不要奢言利益。

第二件事,《孟子·告子下》记载,墨家学者宋牼(先秦典籍中又作宋钘、宋荣)要到楚国去,孟子遇到他,问他去哪儿干什么。宋牼说:秦国和楚国正在打仗,我去见楚王,劝他停战。如果楚王不听,我再去见秦王,劝他停战。孟子问:先生打算怎样去劝说他们呢?宋牼说:我要告诉他们战争是不会获得任何利益的。孟子立即表达了不同的意见:如果用利益得失去劝说他们,即使他们因此而停战了,结果也是不好的。因为这样就造就了他们唯利是图的行为方式,最终会亡国的:"为人臣者怀利以事其君,为人子者怀利以事其父,为人弟者怀利以事其兄,是君臣、父子、兄弟终去仁义,怀利以相接,然而不亡者,未之有也。"孟子接着说:如果先生用仁义去劝导秦王、楚王,秦楚之王因为悦服仁义而罢兵休战,这就会造就他们服膺仁义的行为准则,就可以实现王道政治:"为人臣者怀仁义以事其君,为人子者怀仁义以事其父,为人弟者怀仁义以事其兄,是君臣、父子、兄弟去利,怀仁义以相接也,然而不王者,未之有也。"用利益劝导最终会使之亡国,用仁义劝导则必然会让他们实现王道,所以你"何必曰利"呢!

从这两个事例,可以清楚看出孟子重义轻利的思想。为了充分阐明义利观念,孟子把这个思想讲到了极端的程度,这就是大家熟悉的孟子关于鱼和熊掌的抉择的那段名言:"鱼,我所欲也。熊掌,亦我所欲也。二者不可得兼,舍鱼而取熊掌者也。生,亦我所欲也。义,亦我所欲也。二者不可得兼,舍生而取义者也。"(《孟子·告子上》)对于每个人来说,最大的利益莫过于保全生命。然而,在这一终极点上,孟子仍然毫不犹豫地坚持重义轻利的立场,毅然"舍生取义",可见他态度的坚决和鲜明。

孟子重义轻利的思想,是根基于他的"人性善"这一根本认识之上的。这个道理不难理解:一般地说,所谓"义",就是适宜的思想行为,也就是做于人群有益的事。于人群有益的事,自然是好的事。而"利",往往与私欲不分,于自己有利,往往就对别人不利,利己必损人。孟子认为,人性本都是善良的,天生良能良知。这就从根本上决定了他取"义"而去"利"的思想态度。孔子、孟子这个一脉相承的义利观,对中国传统文化乃至人民的人格塑造,都产生了巨大而深远的影响。

三、仁政王道

"仁政"、"王道",是孟子的社会政治理想。他说"尧舜之道,不以仁政,不能平治天下"(《孟子·离娄上》)、"行仁政而王,莫之能御也"(《公孙丑上》),就是这个意思。孟子认为,实行仁政与否,关乎国家的存亡兴废。他说夏商周三代之所以得天下,是因为施行了仁政;而夏桀、商纣之所以丢失了天下,那是他们不施仁政的必然结果。一个诸侯国的兴废存亡也是这样。因此,如果天子不仁,就不能保有四海;诸侯不仁,就不能保有社稷;卿大夫不仁,就不能保全其宗族;而如果士民不仁,连自己的身体都不能保全。那么,怎样的政治措施才可以叫做"仁政"呢?这涉及经济、法制、用人、教育等多个方面。

"仁政"在经济方面的体现,主要是井田制。孟子理想中的井田制,是实行"仁政"的经济基础,他说:"仁政,必自经界(划分整理田界)始。"(《孟子·滕文公上》)孟子规划了井田制的具体措施,虽然后世对它的解读还有不少分歧,但其精神实质则容易了解,那就是:第一,耕者有其田;第二,尽可能以力役代替赋税,用孟子的话说就是"治地莫善于助(借助人力),莫不善于贡(赋税)"(《滕文公上》)。在当时的社会状况下,孟子已经最大限度地设想出使平民百姓受益最多的办法。

与井田制密切相连的是孟子强调要"制民之产"。他认为一般的平民百姓,如果没有自己的固定产业和资产(主要是土地和农耕生活资料),就不会有守法的"恒心";没有"恒心",就容易做出违法乱治的事情来。所以,圣明的君主一定要"制民之产"——让平民百姓拥有自己的资产,让他们能够养活父母妻子,无论年景好坏,都不至于饿死。在此基础上,再对他们进行仁义礼智的教化,他们就容易听从了。孟子满怀憧憬地描绘了他的"仁政"的理想图景:

> 五亩之宅,树之以桑,五十者可以衣帛矣;鸡豚狗彘之畜,无失其时,七十者可以食肉矣;百亩之田,勿夺其时,八口之家可以无饥矣;谨庠序之教,申之以孝悌之义,颁(斑)白者不负戴于道路矣。老者衣帛食肉,黎民不饥不寒,然而不王者,未之有也。(《孟子·梁惠王上》)

这段话是孟子仁政王道政治愿景的比较完整的描述。其中有两方面的重要内涵,一是"制民之产",二是施以教化,让百姓懂得仁义之道。后人把这个美好愿景总结为"仓廪实,知礼节"。在孟子看来,如果实现了这两点,便是"仁政""王道"了。

与"制民之产"相关,孟子还强调"不违农时",就是执政者不能用其他的事务干扰农耕,以致错过了农业生产的节气时令,因为农时对于农作物收成的丰歉至关重要。孟子说,只有不违农时,谷物、鱼鳖、材木才会丰产,这些生活资材丰收了,百姓才有能力赡养活着的人、送葬死去的人。百姓没有了衣食之忧,那就是"王道"的开端了。

孟子生活的战国时期,农业经济是国家的支柱产业,也是一国施政的根本所在。孟子所倡导的井田制,是我国历史上最早的有关井田制的记载。其中不仅包含土地分配制度,还包含赋税、力役、官员俸禄、百姓户组、祭祀等政治经济的制度设计。而井田制本身以私田助公田的形式,一方面体现了对民众善性的导引,使民众以公义为先,以私利为后,并且以井田为纽带形成"老吾老以及人之老,幼吾幼以及人之幼"的乡邻互助式社区,体现其对人性善的扩充和张扬;另一方面,从统治者的角度而言,使耕者有其田,并按照一定的规则划分当时最重要的经济资源——土地,合理地保障各阶层社会成员的生活,本身就是一种怀仁的体现。加之力役地租的形式比实物地租更符合耕者的利益需求,能够在防止腐败、缓解自然灾害给农民带来的压力以及促进其生产劳动的积极性等多个角度,体现出"仁政"的特征和效能。

孟子的"仁政"理想,是一个包容广泛的国家治理思想体系。除了政治经济之外,它还体现在法制、人才选用、教育等方方面面。

梁惠王曾经十分困惑地问孟子:我们魏国以前十分强大,可是传到我手中,东边败给了齐国,西边丢失给秦国七百里土地,南边被楚国欺侮。我想要为死难者洗恨雪耻,怎么办才好呢?孟子答道:"王如施仁政于民,省刑罚,薄税敛,深耕易耨;壮者以暇日修其孝悌忠信,入以事其父兄,出以事其长上,可使制梃以挞秦、楚之坚甲利兵矣。"(《孟子·梁惠王上》)这是孟子给梁惠王开出的"仁者无敌"的良方。除了前面提到的要让耕者有其田、不违农时,保证百姓可以在有恒产的基础上行孝悌、守忠信之外,还要求统治者省刑罚、薄税敛,减轻人民的负担。这是"仁政"在法制方面的基本内涵。

孟子的"仁政"思想,还包含"尊贤能"和"重教化"。如他说:国家如果尊重贤能的人,大力任用德才兼备的人才,那么天下的士人就会很高兴地来为国家效力(《孟子·公孙丑上》)。他又说:周代的先王后稷,教会了人民种植农作物,民众的生计有了保障。可是人之所以为人,不只是吃饱、穿暖、安居就万事大吉了,如果教化缺位,那人跟禽兽就没有区别了。于是,先王圣人又教导民众遵守人伦:"父子有亲,君臣有义,夫妇有别,长幼有序,朋友有信。"(《滕文公上》)这样才能建成有秩序的和谐社会。总之,孟子认为,统治者若能"尊贤使能",同时在人民饱食暖衣之后教化他们遵守礼义伦常,那这个国家就是实现了仁政王道,就可以"无敌于天下"了。

以上各方面,便是孟子"仁政"、"王道"思想的梗概。可以看出,孟子"仁政"思想的基本倾向是以民为本,因为他充分认识到了民心向背的重要。他认为桀、纣之所以丢失了天下,是因为他们失去了民心。因此,要想得天下,根本途径是博取民心。如何才能得到民心呢?孟子说:"得其心有道:所欲,与之聚之;所恶,勿施。"(《孟子·离娄上》)意思是,尽力满足人民的需求,不要做人民厌恶的事情,这就把民众摆在了最高的地位。众所熟知的孟子名言"民为贵,社稷次之,君为轻"(《尽心下》),正是这个意思的鲜明表述。也正因此,孟子提倡王道、反对霸道,他告诫那些诸侯君主:你用武力(国家机器)去压服民众或者征服别国,被压服或被征服的人们并不会心服于你,只是他们无力与你抗争罢了;而如果以仁德仁义去感化民众,人们对你就会心悦诚服,就像孔子的七十弟子拜服孔子一样。

孟子的"仁政""王道"理想,仍然是他"人性善"根本观念的生发和延展。他继承孔子,高扬个体人格精神,同时赋予个体人格以重大的社会责任。他的这个思想路径是这样的:首先,孟子非常信任个人的品格和能力,坚定地相信每个人都具有"良知""良能"。他解释"天下国家"的含义是:天下的根本在于国,国的根本在于家,家的根本在于自身。这是什么意思呢? 就是说,对于整个社会的和谐兴盛而言,每个个人才是最为根本和重要的。他还说:仁义之道其实离我们很近,可人们却跑到很远的地方去追求它;仁义的行为其实很容易做到,可人们却以为它很难践行。这也就是说,修仁义之德、做仁义之事,其实并不难。用孟子的话说,只要"人人亲其亲、长其长,而天下平",即只要每个人都能做到亲爱他的父母、敬爱他的长辈,天下就太平了。所以孟子说实现仁义很容易,这也是他充分信任个人"良知""良能"的体现。其次,既然每个人都具有亲爱父母、尊敬长者的本性,那么,要想实现"仁政""王道"也不是难事,人人只需"推恩"就行了:"老吾老,以及人之老;幼吾幼,以及人之幼;天下可运于掌。……故推恩足以保四海,不推恩无以保妻子。"(《梁惠王上》)孟子的意思是,一般平民"推恩",可以"保妻子",进而为构建和谐仁爱的社会作出贡献;一国之君"推恩",则可以"保四海",实现王道乐土。孟子这个本于善性而"推恩",以实现"仁政""王道"的社会政治思想及其思路,十分鲜明而集中地体现在《梁惠王上·齐桓晋文之事章》中,要想准确了解孟子的政治理想,这篇文字是必须要读的。

原典选读

《论语》选读

（据《论语集释》，［清］程树德撰，中华书局 1990 年版）

学而篇

有子曰："其为人也孝弟，而好犯上者，鲜矣；不好犯上，而好作乱者，未之有也。君子务本，本立而道生。孝弟也者，其为仁之本与！"

子曰："弟子入则孝，出则弟，谨而信，泛爱众而亲仁。行有余力，则以学文。"

有子曰："礼之用，和为贵。先王之道，斯为美。小大由之，有所不行。知和而和，不以礼节之，亦不可行也。"

为政篇

子曰："道之以政，齐之以刑，民免而无耻；道之以德，齐之以礼，有耻且格。"

季康子问："使民敬、忠以劝，如之何？"子曰："临之以庄，则敬；孝慈，则忠；举善而教不能，则劝。"

八佾篇

子曰："人而不仁，如礼何？人而不仁，如乐何？"

林放问礼之本。子曰："大哉问！礼，与其奢也，宁俭；丧，与其易也，宁戚。"

里仁篇

子曰："富与贵,是人之所欲也;不以其道得之,不处也。贫与贱,是人之所恶也;不以其道得之,不去也。君子去仁,恶乎成名? 君子无终食之间违仁,造次必于是,颠沛必于是。"

子曰："君子之于天下也,无适也,无莫也,义之与比。"

雍也篇

子曰："贤哉,回也! 一箪食,一瓢饮,在陋巷,人不堪其忧,回也不改其乐。贤哉,回也!"

子曰："知之者不如好之者,好之者不如乐之者。"

樊迟问知。子曰："务民之义,敬鬼神而远之,可谓知矣。"问仁。子曰："仁者先难而后获,可谓仁矣。"

子曰："知者乐水,仁者乐山。知者动,仁者静。知者乐,仁者寿。"

子曰："中庸之为德也,其至矣乎! 民鲜久矣。"

子贡曰："如有博施于民而能济众,何如? 可谓仁乎?"子曰："何事于仁? 必也圣乎! 尧舜其犹病诸。夫仁者,己欲立而立人,己欲达而达人。能近取譬,可谓仁之方也已。"

述而篇

子谓颜渊曰："用之则行,舍之则藏,惟我与尔有是夫。"

子曰："饭疏食饮水,曲肱而枕之,乐亦在其中矣。不义而富且贵,于我如浮云。"

子曰："仁远乎哉? 我欲仁,斯仁至矣。"

颜渊篇

颜渊问仁。子曰:"克己复礼为仁。一日克己复礼,天下归仁焉。为仁由己,而由人乎哉?"颜渊曰:"请问其目。"子曰:"非礼勿视,非礼勿听,非礼勿言,非礼勿动。"颜渊曰:"回虽不敏,请事斯语矣。"

仲弓问仁。子曰:"出门如见大宾,使民如承大祭。己所不欲,勿施于人。在邦无怨,在家无怨。"仲弓曰:"雍虽不敏,请事斯语矣。"

司马牛问仁。子曰:"仁者,其言也切。"曰:"其言也切,斯谓之仁已乎?"子曰:"为之难,言之得无切乎?"

樊迟问仁。子曰:"爱人。"问知。子曰:"知人。"樊迟未达。子曰:"举直错诸枉,能使枉者直。"樊迟退,见子夏,曰:"向也吾见于夫子而问知,子曰'举直错诸枉,能使枉者直',何谓也?"子夏曰:"富哉言乎! 舜有天下,选于众,举皋陶,不仁者远矣。汤有天下,选于众,举伊尹,不仁者远矣。"

宪问篇

子路问君子。子曰:"修己以敬。"曰:"如斯而已乎?"曰:"修己以安人。"曰:"如斯而已乎?"曰:"修己以安百姓。修己以安百姓,尧舜其犹病诸!"

卫灵公篇

子贡问曰:"有一言而可以终身行之者乎?"子曰:"其恕乎! 己所不欲,勿施于人。"

子曰:"人能弘道,非道弘人。"

阳货篇

子张问仁于孔子。孔子曰:"能行五者于天下,为仁矣。""请问之。"曰:"恭,宽,信,敏,惠。恭则不侮,宽则得众,信则人任焉,敏则有功,惠则足以使人。"

子曰:"礼云礼云,玉帛云乎哉? 乐云乐云,钟鼓云乎哉?"

子曰:"巧言令色,鲜矣仁。"

微子篇

逸民:伯夷、叔齐、虞仲、夷逸、朱张、柳下惠、少连。子曰:"不降其志,不辱其身,伯夷、叔齐与!"谓:"柳下惠、少连,降志辱身矣,言中伦,行中虑,其斯而已矣。"谓:"虞仲、夷逸,隐居放言,身中清,废中权。我则异于是,无可无不可。"

子张篇

子夏曰:"博学而笃志,切问而近思,仁在其中矣。"

《孟子》选读

(据《孟子正义》,[清]焦循撰,中华书局 1987 年版)

齐桓晋文之事章(《梁惠王上》)

齐宣王问曰:"齐桓、晋文之事,可得闻乎?"

孟子对曰:"仲尼之徒,无道桓、文之事者,是以后世无传焉。臣未之闻也。无以,则王乎?"

曰:"德何如则可以王矣?"

曰:"保民而王,莫之能御也。"

曰:"若寡人者,可以保民乎哉?"

曰:"可。"

曰:"何由知吾可也?"

曰:"臣闻之胡龁曰:王坐于堂上,有牵牛而过堂下者,王见之,曰:'牛何之?'对曰:'将以衅钟。'王曰:'舍之!吾不忍其觳觫,若无罪而就死地。'对曰:'然则废衅钟与?'曰:'何可废也,以羊易之。'不识有诸?"

曰:"有之。"

曰:"是心足以王矣!百姓皆以王为爱也,臣固知王之不忍也。"

王曰:"然。诚有百姓者,齐国虽褊小,吾何爱一牛?即不忍其觳觫,若无罪而就死地,故以羊易之也。"

曰:"王无异于百姓之以王为爱也。以小易大,彼恶知之!王若隐其无罪而就死地,则牛羊何择焉?"

王笑曰:"是诚何心哉!我非爱其财而易之以羊也,宜乎百姓之谓我爱也。"

曰:"无伤也,是乃仁术也!见牛未见羊也。君子之于禽兽也,见其生,不忍见其死,闻其声,不忍食其肉。是以君子远庖厨也。"

王说,曰:"《诗》云:'他人有心,予忖度之。'夫子之谓也。夫我乃行之,反而求之,不得吾心;夫子言之,于我心有戚戚焉。此心之所以合于王者,何也?"

曰:"有复于王者,曰:'吾力足以举百钧,而不足以举一羽;明足以察秋毫之末,而不见舆薪。'则王许之乎?"

曰:"否。"

"今恩足以及禽兽,而功不至于百姓者,独何与?然则一羽之不举,为不用力焉;舆薪之不见,为不用明焉;百姓之不见保,为不用恩焉。故王之不王,不为也,非不能也。"

曰:"不为者与不能者之形,何以异?"

曰:"挟太山以超北海,语人曰:'我不能。'是诚不能也。为长者折枝,语人曰:'我不能。'是不为也,非不能也。故王之不王,非挟太山以超北海之类也;王之不王,是折枝之类也。"

"老吾老,以及人之老;幼吾幼,以及人之幼;天下可运于掌。《诗》云:'刑于寡妻,至于兄弟,以御于家邦。'言举斯心加诸彼而已。故推恩足以保四海,不推恩无以保妻子。古之人所以大过人者,无他焉,善推其所为而已矣!今恩足以及禽兽,而功不至于百姓者,独何与?权,然后知轻重;度,然后知长短。物皆然,心为甚。王请度之!抑王兴甲兵,危士臣,构怨于诸侯,然后快于心与?"

王曰:"否,吾何快于是,将以求吾所大欲也。"

曰:"王之所大欲,可得闻与?"

王笑而不言。

曰:"为肥甘不足于口与?轻暖不足于体与?抑为采色不足视于目与?声音不足听于耳与?便嬖不足使令于前与?王之诸臣,皆足以供之,而王岂为是哉!"

曰:"否。吾不为是也。"

曰:"然则王之所大欲可知已,欲辟土地,朝秦楚,莅中国而抚四夷也。以若所为,求若所欲,犹缘木而求鱼也。"

王曰:"若是其甚与?"

曰:"殆有甚焉。缘木求鱼,虽不得鱼,无后灾;以若所为,求若所欲,尽心力而为之,后必有灾。"

曰:"可得闻与?"

曰:"邹人与楚人战,则王以为孰胜?"

曰:"楚人胜。"

曰："然则小固不可以敌大，寡固不可以敌众，弱固不可以敌强。海内之地，方千里者九，齐集有其一，以一服八，何以异于邹敌楚哉？盍亦反其本矣？今王发政施仁，使天下仕者皆欲立于王之朝，耕者皆欲耕于王之野，商贾皆欲藏于王之市，行旅皆欲出于王之涂，天下之欲疾其君者，皆欲赴愬于王，其若是，孰能御之？"

王曰："吾惛，不能进于是矣！愿夫子辅吾志，明以教我。我虽不敏，请尝试之！"

曰："无恒产而有恒心者，惟士为能。若民，则无恒产，因无恒心。苟无恒心，放辟邪侈，无不为已。及陷于罪，然后从而刑之，是罔民也。焉有仁人在位，罔民而可为也！是故明君制民之产，必使仰足以事父母，俯足以畜妻子，乐岁终身饱，凶年免于死亡；然后驱而之善，故民之从之也轻。今也制民之产，仰不足以事父母，俯不足以畜妻子，乐岁终身苦，凶年不免于死亡；此惟救死而恐不赡，奚暇治礼义哉！王欲行之，则盍反其本矣！五亩之宅，树之以桑，五十者可以衣帛矣；鸡豚狗彘之畜，无失其时，七十者可以食肉矣；百亩之田，勿夺其时，八口之家可以无饥矣；谨庠序之教，申之以孝悌之义，颁白者不负戴于道路矣。老者衣帛食肉，黎民不饥不寒，然而不王者，未之有也。"

人皆有不忍人之心章（《公孙丑上》）

孟子曰："人皆有不忍人之心。先王有不忍人之心，斯有不忍人之政矣。以不忍人之心，行不忍人之政，治天下可运之掌上。所以谓人皆有不忍人之心者，今人乍见孺子将入于井，皆有怵惕恻隐之心，非所以内交于孺子之父母也，非所以要誉于乡党朋友也，非恶其声而然也。由是观之，无恻隐之心，非人也，无羞恶之心，非人也，无辞让之心，非人也，无是非之心，非人也。恻隐之心，仁之端也；羞恶之心，义之端也；辞让之心，礼之端也；是非之心，智之端也。人之有是四端也，犹其有四体也。有是四端而自谓不能者，自贼者也；谓其君不能者，贼其君者也。凡有四端于我者，知皆扩而充之矣，若火之始然，泉之始达。苟能充之，足以保四海；苟不充之，不足以事父母。"

鱼我所欲也章(《告子上》)(节选)

孟子曰："鱼，我所欲也。熊掌，亦我所欲也。二者不可得兼，舍鱼而取熊掌者也。生，亦我所欲也。义，亦我所欲也。二者不可得兼，舍生而取义者也。生亦我所欲，所欲有甚于生者，故不为苟得也；死亦我所恶，所恶有甚于死者，故患有所不辟也。如使人之所欲莫甚于生，则凡可以得生者，何不用也？使人之所恶莫甚于死者，则凡可以辟患者，何不为也？由是则生而有不用也；由是则可以辟患而有不为也。是故所欲有甚于生者，所恶有甚于死者，非独贤者有是心也，人皆有之，贤者能勿丧耳。一箪食，一豆羹，得之则生，弗得则死；嘑尔而与之，行道之人弗受；蹴尔而与之，乞人不屑也。"

主张性恶、崇尚礼法的荀子

　　荀子(约前313—前238),名况,后世又称为荀卿或孙卿(汉代人回避宣帝刘询的名讳),战国后期赵国人。根据《史记·孟子荀卿列传》的记载以及刘向的《孙卿书录》,荀子曾长期游学于齐国的稷下学宫,并"三为祭酒(即学宫长)",后到楚国投靠春申君,做兰陵令(兰陵治所,在今山东枣庄市东南、苍山县西南的兰陵镇)。春申君死后,荀子罢官退居,著书而后卒,葬于兰陵。又据《荀子》本文,荀子还曾到过秦国、赵国,游说过秦昭王、秦相范雎,跟赵国的临武君讨论过兵战之事。

　　今天我们看到的《荀子》这本书,有三十二篇文章,它最早是西汉中后期的刘向整理的。到中唐的时候,东川节度使、刑部尚书杨倞为《荀子》作注,同时重新调整了篇目顺序,这就是今传的《荀子》。《荀子》三十二篇,大多是荀子自己写的,但也有一些问题,主要是两点:一是有的篇章文字错乱,如《非相》篇讲相术不可信,可它的大部分篇幅与"非相"论题无关,可以肯定文字有错简;二是有的篇章明显不是荀子自己作的,如《大略》以下六篇文字,辑录荀子语录、孔子及其弟子以及先贤的言行,用来阐明儒家的某些思想,比较零散。杨倞认为,这可能是荀子的弟子或后学辑录的,所以他把这六篇编排在书的最后了。

荀子与孔、孟的思想区别

荀子是先秦最后一位儒学大师,但他的思想与孟子并不一致。《荀子·非十二子》中批评孟子思想"法先王而不知其统",说孟子"材剧(多)志大,闻见杂博。案往旧造说,谓之五行(指仁义礼智信),甚僻违而无类,幽隐而无说,闭约而无解"。意思是说,孟子思想太过驳杂、不够明晰,并且没有抓住"先王"治国的精神实质,不切实用。这说明,荀子是不认可孟子思想的。由于孟子比较完整纯正地继承了孔子思想,并有所发展,所以,荀子思想与孟子有别,同时就意味着他与孔子也有所不同。这一点,梁启超早已指出:"荀子之学,自有其门庭堂奥,不特与孟子异撰,且其学有并非孔子所能赅者。"[①]如果粗略概括荀子思想与孔、孟的区别,那么可以这样说:孔、孟主张人性善,所以重视"仁义";荀子则主张人性恶,故而尊崇"礼法"。

在这个根本思想下,在对社会人生的具体方面的认识(观念)上,荀子表现出与孔、孟的不同,就顺理成章了。

比如,儒家都重视教化,提倡"学",但孔、孟之"学",是要人们通过学习圣贤君子的思想行为,回归自己善良的本性,就像孟子所说:"学问之道无他,求其放心而已。"(《孟子·告子上》)而荀子之"学",则是要人们通过学习圣贤或者经典,树立并谨守礼制规范:"君子之学也,入乎耳,箸乎心,布乎四体,形乎动静。端而言,蝡而动,一可以为法则。"(《荀子·劝学》)

再如,在义利观方面,孔、孟褒义贬利的思想非常鲜明,孔子说"君子喻于义,小人喻于利"(《论语·里仁》),孟子提倡舍生取义(《孟子·告子上》)。而荀子则不然,他虽然也不断地说"保利弃义谓之至贼"(《荀子·修身》)这样的话,在义、利的抉择中首选"义",但同时他并没有像孔、孟那样彻底否定"利"。荀子承认利欲存在的现实性,"义与利者,人之所两有也,虽尧、舜不能去民之欲利"(《大略》);并且,他说先王创立礼制,根本目的正是要"养人之欲,给人之求"(《礼论》)。所以他认为,君子"欲利而不为所非","见其可欲也,则必前后虑其可恶也者;见其可利也,则必前后虑其可害也者;而兼

___

① 梁启超:《要籍解题及其读法》,见陈引弛编校:《梁启超国学讲录二种》,中国社会科学出版社,1997年。

权之,熟计之,然后定其欲恶取舍"(《不苟》)。就是说,君子并不绝对地拒斥"利",而是权衡利害,只要"不为非",当取则可取。可见,荀子虽然并不支持人们无限制地追求欲利,但也并不像孔、孟那样极力排斥欲利。

又如,在政治理想方面,孔、孟标举的"王道",当然也是荀子的最高政治理想,但同时,他并不否定"霸道"甚至"强道",读其《王霸》《强国》等篇即可明了。与此相关联,孔、孟反对用兵,而荀子却大谈兵事(《议兵》)。

此外,荀子极大地拓展了思想的领域,像《解蔽》《正名》篇探讨认识问题、逻辑问题,像《天论》篇讨论天道,像《王制》《富国》《王霸》《君道》《臣道》篇谈说政治原理及统治术,乃至像《非相》《非十二子》《正论》篇这些学术思想批评,就都是孔、孟不曾说过或者言之不详的。

总之,荀子思想确实与孔、孟有很大不同。但我们的认识不能走极端,尽管荀子思想与孔、孟有诸多不同,他毕竟还是儒学大师。他的思想根基和核心理念,是不离儒学根本的。实际上,他和孟子都继承了孔子的思想,只不过各有偏重:如果说孟子主张"人性善"、重仁政倡王道是偏重继承了孔子思想中"仁"的方面(这在孔子思想中是最为核心的部分,所以孔、孟思想更为接近),那么荀子主张"人性恶"、强调隆礼重法,则是偏重继承了孔子思想中"礼"的方面,并作出了长足的丰富和发展。荀子思想的基本理路是人性本恶(即认为欲求是人的本性),因此需要用"礼"来引导(满足和约束),需要用"礼"来教化。由于荀子特别强调和突出了这个思想路径,使他偏离孔、孟较远,表现出了与孔、孟的诸多不同。

荀子思想极为丰富,但是若要概括其最具特色的根本思想,那就是人性本恶、隆礼崇法二端,两者有内在的必然的逻辑关系。他方方面面的社会人生思想，都以这个根本思想为基石而展开。所以，要想理解荀子思想的核心，必须读懂《性恶》和《礼论》这两篇文字。

人性恶:荀子思想的奠基石

梁启超说过,中国学术包括先秦诸子的思想在内,都是
"人生哲学"和"政治哲学","以研究人类现世生活之理法为
中心",与西方的"形而上学"或印度的宗教学旨趣都不相
同①。既如此,对于人本身的认识,就当然地成为思想建构的
基础。先秦诸子在宣讲他们的思想时,虽然不是所有的思想
家都明确交代他对"人为何物"、"人怎么样"的看法,但是无
不隐含着他的人性观念,并作为其思想的基础和前提。就儒
家诸子而言,鲜明亮出其人性观念的,是孟子和荀子。而颇
有意味的是,孟子的性善说与荀子的性恶说恰相反对,由此
导致了荀子思想与孟子有很大不同。

从荀子思想整体来看,性恶论无疑是他社会人生思想的
基础。但遗憾的是,古往今来很多人并没有弄懂荀子"人性
恶"这个说法的准确含义,而往往望文生义,把"恶"字理解为
对人的道德评价。这个误解,令荀子备受冷落——他的著作
直到中唐时才有人作注,就是明证。直到今天,仍不乏如此
枉解荀子者。

"人性恶"究竟是什么意思,荀子自己已经讲得非常明
白。《荀子》中专有《性恶》一篇,把"性恶"的含义、认定"性
恶"的理由以及如何用礼义去教化人这些问题,都讲得十分
周密而且系统。下面我们就顺着荀子的思路来理解。《性
恶》开篇就说:

---

① 梁启超:《先秦政治思想史》,东方出版社,1996 年。

　　人之性恶,其善者伪也。今人之性,生而有好利焉,顺是,故争夺生而辞让亡焉;生而有疾恶焉,顺是,故残贼生而忠信亡焉;生而有耳目之欲,有好声色焉,顺是,故淫乱生而礼义文理亡焉。然则从(读为纵)人之性,顺人之情,必出于争夺,合于犯分乱理而归于暴。故必将有师法之化,礼义之道(读为导),然后出于辞让,合于文理,而归于治。用此观之,然则人之性恶明矣,其善者伪也。

　　这段话有几层意思要理解到位:第一,所谓"性恶",是指人生来就"好利"、"疾恶"、"有耳目之欲"。简而言之,就是指人生来就有欲求。在荀子,这只是客观叙述,没有道德判断的意思,而后人理解中有了道德判断的含义,那是后人把自己的思想观念不自觉地添加进去了。人与生俱来的欲求,难道可以用道德价值去作评断吗?第二,荀子说,人的欲求如果不加限制不加规范,就会导致人际之间的争夺,导致相互残害,造成淫乱的生活风气,从而使辞让、忠信、礼义之德消亡。这里虽然包含了价值判断,但仍然是客观情势的描述。也正因此,才"必将有师法之化,礼义之道",用以引导和规范人们的欲求。需要礼义教化来引导和规范人们的欲求,并不意味着人生来就是道德败坏的,因为欲求本身无所谓善恶好坏。第三,是"人之性恶,其善者伪也"这个表述。能够正确理解"恶"是指欲求已经不容易了,可荀子又说了"伪"这个字,后人又往往望文生义,理解为道德评判意义上的"伪饰"、"作假",以为荀子是说"善"都是伪装的虚假的,是"伪善"。如果是这样,荀子又说"尧、禹、君子者,能化性能起伪,伪起而生礼义",岂不是说尧舜禹这些圣人都是伪善家了?实际上,荀子的"伪",是用礼义来教化的意思。他说:"性者,本始材朴也；伪者，文理隆盛也。无性，则伪之无所加；无伪，则性不能自美。"(《荀子·礼论》)"本始材朴"之"性"，就是指人生来就有欲求；"文理隆盛"之"伪"，就是指以礼义教化。

明白了上面三层含义，就大抵懂得荀子人性论的根本了：人生来就有欲求，欲求如果不加引导和规范，社会就会因争夺而陷入混乱，所以需要用礼义来教化，引导和规范人们的欲求。这是荀子思想由"性恶"走向"礼治"的根本路径，也是他与孔、孟思想取向不同的原因所在。

《性恶》篇在提出上述根本思想之后，便以严密的逻辑来论证这个思想。

首先，"性恶"说要想站得住脚，那就必须驳倒孟子的"性善"说。荀子从以下两个层面批驳"人性善"的说法：

第一，荀子指出"性善"说的错误，在于它不明白"性、伪之分（区别）"。那么什么是"性"、什么是"伪"呢？荀子认为"性"是与生俱来的，是人不需要学习就天然具备的性质和能力，比如眼睛可以看物、耳朵可以听音的性质和能力，并不需要学习就能获得；而"伪"则不是与生俱来的，是需要学习、实践才能获得的东西，比如礼义规范，必须经过学习才能内化为人的品格。这样看来，孟子所说的"性善"，实际上是"伪"而不是"性"，所以孟子说人性本善是错误的。荀子举例说：饿了就想吃、冷了就想取暖、累了就要休息——这是人的本性；而自己虽然很饿但要把食物先让给尊长吃，自己虽然很累但要替尊长劳作——这不是人的本性，而是礼义教化的结果。所以，说人性本善显然是错的。

第二，荀子指出"性善"说的错误，在于它不切实际。一者，如果人性本善，那么先王、圣人还有什么必要发明礼义教化呢？二者，从实际的社会运作说，如果认为人性本善而不用礼法去引导、规范，社会必将会出现争夺、混乱。可见，"性善"说既不符合实际,也没有实用价值。荀子进而从理论上提出:"善言古者,必有节于今;善言天者,必有征于人。凡论者,贵其有辨合、有符验。故坐而言之,起而可设,张而可施行。"意思是说,凡是有价值有意义的思想主张,必须符合实际并且有实际的功效。孟子"人性善"思想的错误,在于它不切实际,而且没有实际效用。

荀子通过上述从理论到实践的两层论证,彻底驳倒了孟子的"性善"说。

接下来必须回答的问题是:既然人性本恶,并且"尧、舜之与桀、跖,其性一也;君子之与小人,其性一也",那么"礼义"从何而来呢?荀子说,礼义法度是"圣人之伪"的结果,而不是出于圣人之"性"。因为就本性而言,圣人与常人没有区别,都是"恶"。这也就是说,圣人有能够教化本性而兴起礼法("化性而起伪")的能力。那么,为什么圣人有这个能力,常人就没有呢?这个问题是不能追问的,荀子也只能告诉我们:这就是圣人跟常人不同的地方。

以上是《性恶》篇的前半部分,它先是正面提出并论证"人之性恶,其善者伪也"的观点,继而批驳孟子的"性善"说,再说明"礼义法度"由圣人发明,可以引导和规范人的思想行为。文章到这里,下面要说的问题就呼之欲出了:既然人性本恶,既然放纵人的欲求会导致社会混乱,既然圣人已经发明了礼法可以防止混乱的出现,那么,人们只需去学习礼义法度就可以了。

《性恶》篇的后半部分正是阐述学习礼义法度的问题。一般地说,这本来是一个顺理成章的简单问题,但是荀子思想的周密性也体现在这里,他仍然是分层论说。

首先,他说"塗之人可以为禹",也就是每个人都可以成为圣人那样的人,这是给人们足够的信心和憧憬。树立一个美好愿景,鼓励人们努力去实现。这里要注意的是,孟子也说过"人皆可以为尧舜"(《孟子·告子下》),看上去孟、荀观点一致,其实两者的本质内涵有很大区别,由于他们对人性本质的看法不同,所以提倡人成为圣人的途径也不同。孟子是启发人的善性,通过学习圣贤君子使之回归本性,从而成为圣人;荀子则强调学习礼法、服从礼法,从而成为圣人。孟子是作用于人的内心,令其自觉;荀子是以礼法在外施加于人,令其守礼。

其次,荀子以严密的逻辑推论,讲述了"塗之人可以为禹"的道理:"凡禹之所以为禹者,以其为仁义法正也。然则仁义法正,有可知可能之理。然而塗之人也,皆有可以知仁义法正之质,皆有可以能仁义法正之具,然则其可以为禹明矣。"这就是说,禹之所以为禹,圣人之所以是圣人,就在于他懂得并践行礼义法度(仁义法正),而礼义法度是"可知、可能"即可以学习、可以践行的。同时,每个人都具有"可知、可能"的能力。所以,只要专心学习,假以时日,积善成德,自然就成了圣人那样的人。可问题随之而来了:既然圣人可以积学而成,为什么社会上大多数人都不能成为圣人呢?荀子又讲了一个道理:"可以而不可使。"意思是,有做到的可能,但是没人能够让他自觉地践行。换言之,理论上有可能的事,未必都能够实现。荀子举例说:人的脚是可以走遍天下的,但是极少有真的走遍天下的人;小人是可以变为君子的,但社会现实更多是小人道长、君子道消。因此,回到荀子"塗人为禹"的问题,尽管实际上没有很多人真的修养成了圣人,却并不妨碍这些人存在着成为圣人的可能性。

再次,正因为"塗之人可以为禹"却未必真能成为禹,就更加凸显了礼义教化的重要。荀子假托尧、舜对话,申明礼法教化的必要和重要。尧问舜:人情何如?舜回答说:人情很不美,有了妻子孝心就减退了,为了求取利益就失信于朋友了,得到高官厚禄忠君之心就衰减了。人情甚不美呀! 这段对话蕴涵的意思就是人性恶,因而亟待用礼义法度去教化。而荀子指出的教化途径,就是向贤师良友学习。他说:"夫人虽有性质美而心辩知,必将求贤师而事之,择良友而友之。得贤师而事之,则所闻者尧舜禹汤之道也;得良友而友之,则所见者忠信敬让之行也。"意思是人虽有资质有可能向善,但未必能成就善,成就善需要教育、学习。怎么学习呢? 与贤师良友相处,向贤师良友学习,这样就能获得"尧舜禹汤之道"、"忠信敬让之行"了。

隆礼崇法：荀子思想的核心

与孔、孟倡导仁义，以仁义为思想核心不同，荀子更加强调"礼"，以礼法作为他思想的核心。这种思想差异，是基于他们不同的人性论主张。

应该指出的是，与其"性恶"思想的遭遇类似，荀子的"礼"也被后人误解，以为它就是对人冰冷的限制和约束，更有甚者把"礼"与"法"等同起来，荒谬到把荀子划归法家行列。《荀子·礼论》这篇文字，专题阐述了荀子的礼制思想，只要不是先入为主或者带有其他目的，而能够客观公正地解读，就会了解：荀子的"礼"内涵周密深刻，绝不仅仅是冰冷的约束和限制而已。

《礼论》首先说明"礼"何以起源以及"礼"的本义：

> 礼起于何也？曰：人生而有欲，欲而不得，则不能无求；求而无度量分界，则不能不争；争则乱，乱则穷。先王恶其乱也，故制礼义以分之，以养人之欲，给人之求，使欲必不穷乎物，物必不屈于欲，两者相持而长。是礼之所起也。

社会生活中为什么需要"礼"？荀子说，人生来就有欲求（"人性恶"），而生活资源有限，如果不对人的欲求加以引导和约束，人们就会去争夺，从而使社会陷入混乱。有鉴于此，圣人发明了礼义，把人群区分开来，以便合理有序地满足人们的欲求，在物资和欲求之间保持平衡并稳步增长，这就是

"礼"起源的缘由。可见,从根源上说,"礼"就不是一个冷冰冰的强加于人的东西,恰恰相反,它是为了维护和满足社会群体(每一个人)的利益而出现的。

而维护群体利益、保障社会秩序不是口号,不能停留在理念之上,而要有切实可行的施行路径。怎样用"礼"维护群体利益、保障社会秩序呢?荀子提出了两点:第一,"分"——"制礼义以分之";第二,"养"——"养人之欲、给人之求"。前者是说把人群分为不同的层级,作为社会资源分配的基础;后者的意思是,满足不同层级人群的需要。我们如果不再像从前那样以"阶级斗争"的有色眼镜去看待荀子这个思想,就会看到:区分人群的层级,是古今中外社会管理的通则。不分,社会管理就无从下手,并且,"分"、"养"二者之中,毫无疑问,"分"是手段,而"养"才是目的。这既是"礼"的核心内涵,也是"礼"的本质。

接下来,荀子就充分论说礼的以"别"为"养"的本质内涵。他首先以"礼者,养也"这样鲜明的话语,确认"养"是礼的核心和本义;之后再申明为了达成"养",就必须"别(分)"的道理。接着再以较大篇幅充分阐述了"礼者,养也"之义,我们看其中的一小段:"孰知夫出死要节之所以养生也,孰知夫出费用之所以养财也,孰知夫恭敬辞让之所以养安也,孰知夫礼义文理之所以养情也。故人苟生之为见,若者必死;苟利之为见,若者必害;苟怠惰偷懦之为安居,若者必危;苟情说之为乐,若者必灭。故人,一之于礼义,则两得之矣;一之于情性,则两丧之矣。"这是一段智识深湛的话:为国出生入死、保节尽忠是"养生"之道,花费钱财以成礼数是"养财"之道,待人做事恭敬有礼是"养安"之道,持守礼义是"养情"之道。相反的,一个人如果心心念念只想活着,而不守尽忠报国之礼,就是自寻死路;如果只想着自己的利益,而不能用钱财去成就必须的礼数,必然受害;如果只求怠惰安居,待人做事不能恭敬礼让,必有危险;如果一味纵情享乐,而不知礼义文理,必遭灭亡。所以,如果能够持守礼义,那么礼义和"生"、"财"、"安"、"情"都能兼得;反之,就会具丧。荀子讲了这么多话,其核心意思就是说礼的精神实质是养,就是满足(保养、养护)人们"生"、"财"、"安"、"情"这些欲求。只要时刻持守礼义,人们的这些欲求就都可得到满足。

理解了"礼"的起源、"礼"的本义,与之密切相关的一个问题就来了:礼制一旦形成,它的意义就不仅仅是规范社会生活资源分配这么简单。随着礼制的不断完善,它必将渗透到社会生活的各个方面,成为全方位的社会伦理规范。实际上,上面介绍荀子讲述礼的本义的那些话里(如守礼可以满足生命、钱财、安居、情感的需求),已经包含了这层意思。《荀子·君道》篇讲得更为清晰明白:"请问为人君。曰:以礼分施,均遍而不偏。请问为人臣。曰:以礼待(一作事)君,忠顺而不懈。请问为人父。曰:宽惠而有礼。请问为人子。曰:敬爱而致文(一作恭)。请问为人兄。曰:慈爱而见友。请问为人弟。曰敬诎而不苟(一作悖)。请问为人夫。曰:致功而不流,致临而有辨(一作别)。请问为人妻。曰:夫有礼则柔从听侍,夫无礼则恐惧而自竦也。"这就把君臣、父子、兄弟、夫妇这些基本的人伦关系,都纳入礼制的规范中来了,礼成为了具有更广泛意义的社会伦理规范。

以上是《礼论》篇的前半部分,主要讲"礼"的起源、"礼"的本义,我们可以称之为"礼"的本体。《礼论》篇的后半部分,自然就要讲到"礼"的功用。荀子先是从根本上为"礼"确立崇高的地位,他说:

礼有三本:天地者,生之本也;先祖者,类之本也;君

师者,治之本也。无天地恶生?无先祖恶出?无君师恶
治?三者偏亡焉,无安人。故礼,上事天,下事地,尊先
祖而隆君师,是礼之三本也。

所谓"礼有三本",不是"礼有三个本源"的意思,而是从
功用的角度说,"礼"有三个最重要的服务对象,那就是天地、
先祖、君师。为什么要事天地、尊先祖、隆君师呢?因为天地
生万物,先祖生族类,君师保平安。三者是人类生存的先决
条件和必要保障,缺失其中任何一个,都不可能有人的生存
和安宁。所以,天地、先祖、君师就成为首先需要尊礼的对
象。这是"礼"的最高功用,"礼"也因此获得了崇高的地位。

"三本"之中,对天地、先祖的尊礼方式,只有祭祀。而君
师,他们在世,当然要有现世的礼敬仪式;他们作古,就也要
祭奠追思。所以,各种礼仪当中,以祭礼为先。《礼记·祭
统》中就说:"凡治人之道,莫急于礼;礼有五经,莫重于祭。"
"礼有五经",是指吉礼、凶礼、宾礼、军礼、嘉礼。五礼之中以
吉礼为首,而祭祀是吉礼中最重要的礼仪。因此,荀子《礼
论》篇在指明"礼之三本"之后,便主要述说祭礼仪式的功用
和意义。

荀子认为天子祭礼,要把太祖(始建国的祖先)和天配合
起来祭祀;诸侯祭礼,以本国始受封的祖先为其太祖;大夫和
士都要以本族的祖先为其太祖。为什么要有这样严格的礼
制呢?那是因为要体现"贵始"的深意,也就是以始为贵、不
忘本的意思,不忘天地、先祖之本。与此同时,祭礼还有严格
的等级制度:只有天子可以祭天,诸侯和士大夫只能祭地;天
子可以立七庙祭祀七代先祖,诸侯只能立五庙祭祀五代,大
夫三庙三代,士二庙二代,平民不得立庙。何以如此规定呢?
是要体现"别尊卑"、"别积厚积薄",就是要区别社会地位的

高低、宗族德泽的深浅。

不仅祭礼的仪制等级有重要的功用和意义,祭礼的祭品和具体程式也有重要意义。荀子说:"大飨,尚玄尊,俎生鱼,先大羹,贵食饮之本也。飨,尚玄尊而用酒醴,先黍稷而饭稻粱;祭,齐大羹而饱庶羞(馐);贵本而亲用也。贵本之谓文,亲用之谓理,两者合而成文,以归大(太)一,夫是之谓大隆。"这里所谓"大飨"、"飨"、"祭",是指不同规格的祭礼。"大飨"又称"祫祭",也就是年终合祭祖先,是至为隆重的祭祖仪式。这时使用的祭品是清酒、生鱼和没有任何味道的肉汁,其重要意义是"贵食饮之本",也就是尊重初造饮食之时祖先的辛苦和功勋,以示不忘本、不忘祖之义。"飨"是四时祭祖,继供奉清酒之后再供奉甜酒,先进贡黍稷(粗米),后进贡稻粱(精米)。"祭"是每月祭祖,先供奉没有味道的肉羹,后供奉美食。"飨"、"祭"的祭品,不像"大飨"那样全都很质朴,而可以在朴素的供奉之后,继之以美味,这是什么用意呢?是"贵本而亲用"。"贵本"(不忘本)是"文"(礼),"亲用"(以美味孝敬祖先)是"理"。文、理相合,就成就了最本质、本初的大礼。

荀子在讲述了"礼之三本"和祭礼之后,自然就要进入社会人生的现实领域,述说"礼"在这方面的重要功用。他分三个层次来述说这个问题:第一层,荀子不惜以虚大之言,张扬"礼"是维系天地、人间秩序的最高准则,天地、日月、四时、星辰、江河的运行,万物的生长,乃至人类的喜怒好恶,都要靠"礼"的引导和规约,"礼"是天地人间的至理。第二层,他说"礼"是维系社会秩序的最高的、唯一有效的准则,施行礼治,天下则会大治、安稳、长存;不施行礼治,天下就将大乱、危险、灭亡。第三层,他说"礼"是至深、至大、至高的思想学说,最为高明,其他众多的社会思想主张,在"礼"学面前都会甘拜下风。

　　"礼"既然如此美妙、如此重要,是"人道之极",那当然应该学习和持守了。但问题是我们到哪里去学习"礼"呢?荀子告诉我们:"天者高之极也,地者下之极也,无穷者广之极也,圣人者道之极也。"这里所谓"极",可以理解为"准则"。圣人是"道之极"(也就是"礼之极"),是代表"礼"的准则的人,所以必须向圣人学习,向着成为圣人的方向学习。

　　荀子最后指出人们习得礼义之后,还不能完事大吉,因为"礼"是需要持守的。他说:君子的思想行为始终不能离开礼义,一旦游离,那就不是君子了。如果能够随时随地一刻都不偏离礼义,无论面对什么际遇坎坷都能坚守礼制而不迷惑昏乱,那就不仅是君子,更是圣人了。圣人之所以厚重、弘大、崇高、明察,都是积习礼义所成就的。所以,礼义需要坚持。

　　荀子的《礼论》篇,从"礼"的体和用两个方面,充分而深刻地阐述了他的礼学思想。不难理解,《礼论》最核心也是最重要的部分,就是礼的起源和礼的本义(本体),而这个思想,正是建立在荀子对人性的基本看法之上的。

原典选读

《荀子》选读

（据《荀子集解》，［清］王先谦撰，中华书局 1988 年版）

性　恶

人之性恶，其善者伪也。今人之性，生而有好利焉，顺是，故争夺生而辞让亡焉；生而有疾恶焉，顺是，故残贼生而忠信亡焉；生而有耳目之欲，有好声色焉，顺是，故淫乱生而礼义文理亡焉。然则从人之性，顺人之情，必出于争夺，合于犯分乱理而归于暴。故必将有师法之化，礼义之道，然后出于辞让，合于文理，而归于治。用此观之，然则人之性恶明矣，其善者伪也。

故枸木必将待檃栝、烝、矫然后直，钝金必将待砻、厉然后利。今人之性恶，必将待师法然后正，得礼义然后治。今人无师法，则偏险而不正；无礼义，则悖乱而不治。古者圣王以人之性恶，以为偏险而不正，悖乱而不治，是以为之起礼义，制法度，以矫饰人之情性而正之，以扰化人之情性而导之也，始皆出于治、合于道者也。今之人，化师法、积文学、道礼义者为君子；纵性情，安恣睢而违礼义者为小人。用此观之，然则人之性恶明矣，其善者伪也。

孟子曰："人之学者，其性善。"曰：是不然。是不及知人之性，而不察乎人之性、伪之分者也。凡性者，天之就也，不可学，不可事。礼义者，圣人之所生也，人之所学而能，所事而成者也。不可学、不可事而在人者，谓之性；可学而能、可事而成之在人者，谓之伪。是性、伪之分也。今人之性，目可以见，耳可以听。夫可以见之明不离目，可以听之聪不离耳，目明而耳聪，不可学明矣。孟子曰："今人之性善，将皆失丧其性故也。"曰：若是，则过矣。今人之性，生而离其朴，离其资，必失而丧之。用此观之，然则人之性恶明矣。所谓性善者，不离其朴而美之，不离其资而利之也。使夫资朴之于美，心意之于善，若夫可以见之明不离目，可以听之聪不离耳，故曰目明而耳聪也。今人之性，饥而欲饱，寒而欲暖，劳而欲休，此人之情性也。今人饥见长而不敢先食者，将有所让也；劳而不敢求息者，将有所代也。夫子之让乎父，弟之让乎兄，子之代乎父，弟之代乎兄，此二行者，皆反于性而悖于情也。然而孝子之道，礼义之文理也。故顺情性，则不辞让矣；辞让，则悖于情性矣。用此观之，然则人之性恶明矣，其善者伪也。

问者曰："人之性恶，则礼义恶生？"应之曰：凡礼义者，是生于圣人之伪，非故生于人之性也。故陶人埏埴而为器，然则器生于工人之伪，非故生于人之性也；故工人斲木而成器，然则器生于工人之伪，非故生于人之性也；圣人积思虑，习伪故，以生礼义而起法度，然则礼义法度者，是生于圣人之伪，非故生于人之性也。若夫目好色，耳好声，口好味，心好利，骨体肤理好愉佚，是皆生于人之情性者也，感而自然，不待事而后生之者也。夫感而不能然，必且待事而后然者，谓之生于伪。是性、伪之所生，其不同之征也。故圣人化性而起伪，伪起而生礼义，礼义生而制法度。然则礼义法度者，是圣人之所生也。故圣人之所以同于众，其不异于众者，性也；所以异而过众者，伪也。夫好利而欲得者，此人之情性也。假之人有弟兄资财而分者，且顺情性，好利而欲得，若是，则兄弟相拂夺矣；且化礼义之文理，若是，则让乎国人矣。故顺情性，则弟兄争矣；化礼义，则让乎国人矣。凡人之欲为善者，为性恶也。夫薄愿厚，恶愿美，狭愿广，贫愿富，贱愿贵，苟无之中者，必求于外；故富而不愿财，贵而不愿埶，苟有之中者，必不及于外。用此观之，人之欲为善者，为性恶也。今人之性，固无礼义，故强学而求有之也；性不知礼义，故思虑而求知之也。然则生而已，则人无礼义、不知礼义。人无礼义则乱，不知礼义则悖。然则生而已，则悖乱在己。用此观之，人之性恶明矣，其善者伪也。

孟子曰："人之性善。"曰：是不然。凡古今天下之所谓善者，正理平治也；所谓恶者，偏险悖乱也。是善、恶之分也已。今诚以人之性固正理平治邪？则有恶用圣王、恶用礼义矣哉！虽有圣王礼义，将曷加于正理平治也哉！今不然，人之性恶。故古者圣人以人之性恶，以为偏险而不正，悖乱而不治，故为之立君上之埶以临之，明礼义以化之，起法正以治之，重刑罚以禁之，使天下皆出于治、合于善也。是圣王之治，而礼义之化也。今当试去君上之埶，无礼义之化，去法正之治，无刑罚之禁，倚而观天下民人之相与也。若是，则夫强者害弱而夺之，众者暴寡而哗之。天下之悖乱而相亡，不待顷矣。用此观之，然则人之性恶明矣，其善者伪也。故善言古者，必有节于今；善言天者，必有征于人。凡论者贵其有辨合，有符验，故坐而言之，起而可设，张而可施行。今孟子曰"人之性善"，无辨合、符验，坐而言之，起而不可设，张而不可施行，岂不过甚矣哉！故性善则去圣王、息礼义矣，性恶则与圣王、贵礼义矣。故隐栝之生，为枸木也；绳墨之起，为不直也；立君上、明礼义，为性恶也。用此观之，然则人之性恶明矣，其善者伪也。直木不待隐栝而直者，其性直也；枸木必将待隐栝、烝、矫然后直者，以其性不直也。今人之性恶，必将待圣王之治、礼义之化，然后皆出于治、合于善也。用此观之，然则人之性恶明矣，其善者伪也。

　　问者曰："礼义积伪者,是人之性,故圣人能生之也。"应之曰:是不然。夫陶人埏埴而生瓦,然则瓦埴岂陶人之性也哉?工人斲木而生器,然则器木岂工人之性也哉?夫圣人之于礼义也,辟则陶、埏而生之也,然则礼义积伪者,岂人之本性也哉?凡人之性者,尧舜之与桀跖,其性一也;君子之与小人,其性一也。今将以礼义积伪为人之性邪?然则有曷贵尧禹、曷贵君子矣哉?凡所贵尧、禹、君子者,能化性能起伪,伪起而生礼义。然则圣人之于礼义积伪也,亦犹陶、埏而生之也。用此观之,然则礼义积伪者,岂人之性也哉?所贱于桀、跖、小人者,从其性,顺其情,安恣睢,以出乎贪利争夺。故人之性恶明矣,其善者伪也。天非私曾、骞、孝己而外众人也,然而曾、骞、孝己独厚于孝之实,而全于孝之名者,何也?以綦于礼义故也;天非私齐、鲁之民而外秦人也,然而于父子之义、夫妇之别,不如齐、鲁之孝具敬文者,何也?以秦人之从情性,安恣睢,慢于礼义故也,岂其性异矣哉?

　　"涂之人可以为禹",曷谓也?曰:凡禹之所以为禹者,以其为仁义法正也。然则仁义法正,有可知、可能之理。然而涂之人也,皆有可以知仁义法正之质,皆有可以能仁义法正之具,然则其可以为禹明矣。今以仁义法正为固无可知、可能之理邪?然则唯禹不知仁义法正、不能仁义法正也。将使涂之人固无可以知仁义法正之质,而固无可以能仁义法正之具邪?然则涂之人也,且内不可以知父子之义,外不可以知君臣之正。不然!今涂之人者,皆内可以知父子之义,外可以知君臣之正。然则其可以知之质,可以能之具,其在涂之人明矣。今使涂之人者,以其可以知之质、可以能之具,本夫仁义之可知之理、可能之具,然则其可以为禹明矣。今使涂之人伏术为学,专心一志,思索孰察,加日县久,积善而不息,则通于神明,参于天地矣。故圣人者,人之所积而致矣。曰:

"圣可积而致,然而皆不可积,何也?"曰:可以而不可使也。故小人可以为君子,而不肯为君子;君子可以为小人,而不肯为小人。小人、君子者,未尝不可以相为也;然而不相为者,可以而不可使也。故塗之人可以为禹则然,塗之人能为禹未必然也;虽不能为禹,无害可以为禹。足可以遍行天下,然而未尝有能遍行天下者也。夫工、匠、农、贾,未尝不可以相为事也,然而未尝能相为事也。用此观之,然则可以为未必能也;虽不能,无害可以为。然则能不能之与可不可,其不同远矣,其不可以相为明矣。

尧问于舜曰:"人情何如?"舜对曰:"人情甚不美,又何问焉?妻子具而孝衰于亲,嗜欲得而信衰于友,爵禄盈而忠衰于君。人之情乎!人之情乎!甚不美!又何问焉?"唯贤者为不然。有圣人之知者,有士君子之知者,有小人之知者,有役夫之知者。多言则文而类,终日议其所以,言之千举万变,其统类一也,是圣人之知也。少言则径而省,论而法,若佚之以绳,是士君子之知也。其言也諂,其行也悖,其举事多悔,是小人之知也。齐给便敏而无类,杂能旁魄而无用,析速粹孰而不急。不恤是非,不论曲直,以期胜人为意,是役夫之知也。有上勇者,有中勇者,有下勇者。天下有中,敢直其身。先王有道,敢行其意。上不循于乱世之君,下不俗于乱世之民。仁之所在无贫穷,仁之所亡无富贵。天下知之,则欲与天下同苦乐之;天下不知之,则傀然独立天地之间而不畏。是上勇也。礼恭而意俭,大齐信焉而轻货财,贤者敢推而尚之,不肖者敢援而废之,是中勇也。轻身而重货,恬祸而广解;苟免,不恤是非、然不然之情,以期胜人为意,是下勇也。繁弱、鉅黍,古之良弓也;然而不得排檠,则不能自正。桓公之葱,大公之阙,文王之录,庄君之忽,阖闾之干将、莫邪、鉅阙、辟间,此皆古之良剑也;然而不加砥厉,则不能利;不得人力，则不能断。骅骝、骐、骥、纤离、绿耳，此皆古之良马也；然而必前有衔辔之制，后有鞭策之威，加之以造父之驭，然后一日而致千里也。夫人虽有性质美而心辩知，必将求贤师而事之，择良友而友之。得贤师而事之，则所闻者尧、舜、禹、汤之道也；得良友而友之，则所见者忠、信、敬、让之行也。身日进于仁义而不自知也者，靡使然也。今与不善人处，则所闻者欺诬诈伪也，所见者汙漫、淫邪、贪利之行也。身且加于刑戮而不自知者，靡使然也。传曰："不知其子，视其友；不知其君，视其左右。"靡而已矣！靡而已矣！

礼　论（节选）

礼起于何也？曰：人生而有欲，欲而不得，则不能无求；求而无度量分界，则不能不争；争则乱，乱则穷。先王恶其乱也，故制礼义以分之，以养人之欲，给人之求，使欲必不穷乎物，物必不屈于欲，两者相持而长，是礼之所起也。

故礼者，养也。刍豢稻粱，五味调香，所以养口也；椒兰芬苾，所以养鼻也；雕琢刻镂，黼黻文章，所以养目也；钟鼓管磬，琴瑟竽笙，所以养耳也；疏房檖貌，越席床第几筵，所以养体也。故礼者，养也。

君子既得其养，又好其别。曷谓别？曰：贵贱有等，长幼有差，贫富轻重皆有称者也。故天子大路越席，所以养体也；侧载睪芷，所以养鼻也；前有错衡，所以养目也；和鸾之声，步中《武》《象》，趋中《韶》《護》，所以养耳也；龙旗九斿，所以养信也；寝兕持虎，蛟韅丝末弥龙，所以养威也；故大路之马必倍至教顺，然后乘之，所以养安也。孰知夫出死要节之所以养生也，孰知夫出费用之所以养财也，孰知夫恭敬辞让之所以养安也，孰知夫礼义文理之所以养情也。故人苟生之为见，若者必死；苟利之为见，若者必害；苟怠惰偷懦之为安，若者必危;苟情说之为乐,若者必灭。故人一之于礼义,则两得之矣,一之于情性,则两丧之矣。故儒者,将使人两得之者也;墨者,将使人两丧之者也。是儒、墨之分也。

礼有三本:天地者,生之本也;先祖者,类之本也;君师者,治之本也。无天地恶生? 无先祖恶出? 无君师恶治? 三者偏亡焉,无安人。故礼,上事天,下事地,尊先祖而隆君师,是礼之三本也。故王者天太祖,诸侯不敢坏,大夫士有常宗,所以别贵始。贵始,得之本也。郊止乎天子,而社至于诸侯,道及士大夫。所以别尊者事尊,卑者事卑,宜大者巨,宜小者小也。故有天下者事七世,有一国者事五世,有五乘之地者事三世,有三乘之地者事二世,持手而食者不得立宗庙,所以别积厚,积厚者流泽广,积薄者流泽狭也。大飨,尚玄尊,俎生鱼,先大羹,贵食饮之本也。飨,尚玄尊而用酒醴,先黍稷而饭稻粱;祭,齐大羹而饱庶羞;贵本而亲用也。贵本之谓文,亲用之谓理,两者合而成文,以归太一,夫是之谓大隆。故尊之尚玄酒也,俎之尚生鱼也,豆之先大羹也,一也。利爵之不醮也,成事之不俎不尝也,三臭之不食也,一也。大昏之未发齐也,大庙之未入尸也,始卒之未小敛也,一也。大路之素未集也,郊之麻絻也,丧服之先散麻也,一也。三年之丧,哭之不文也,《清庙》之歌,一倡而三叹也,县一钟,尚拊之膈,朱弦而通越也,一也。

凡礼,始乎税,成乎文,终乎悦恔。故至备,情文俱尽;其次,情文代胜;其下,复情以归太一也。天地以合,日月以明,四时以序,星辰以行,江河以流,万物以昌,好恶以节,喜怒以当。以为下则顺,以为上则明。万变不乱,贰之则丧也。礼岂不至矣哉! 立隆以为极,而天下莫之能损益也。本末相顺,终始相应。至文以有别,至察以有说。天下从之者治,不从者乱;从之者安,不从者危;从之者存,不从者亡。小人不能测也。

礼之理诚深矣，"坚白""同异"之察，入焉而溺；其理诚大矣，擅作典制辟陋之说，入焉而丧；其理诚高矣，暴慢恣睢轻俗以为高之属，入焉而队。故绳墨诚陈矣，则不可欺以曲直；衡诚县矣，则不可欺以轻重；规矩诚设矣，则不可欺以方圆；君子审于礼，则不可欺以诈伪。故绳者，直之至；衡者，平之至；规矩者，方圆之至；礼者，人道之极也。然而不法礼、不足礼，谓之无方之民；法礼、足礼，谓之有方之士。礼之中焉能思索，谓之能虑；礼之中焉能勿易，谓之能固。能虑、能固，加好之者焉，斯圣人矣。故天者，高之极也；地者，下之极也；无穷者，广之极也；圣人者，道之极也。故学者，固学为圣人也，非特学为无方之民也。

礼者，以财物为用，以贵贱为文，以多少为异，以隆杀为要。文理繁，情用省，是礼之隆也；文理省，情用繁，是礼之杀也；文理、情用相为内外表里，并行而杂，是礼之中流也。故君子上致其隆，下尽其杀，而中处其中。步骤、驰骋、厉骛不外是矣，是君子之坛宇、宫廷也。人有是，士君子也；外是，民也；于是其中焉，方皇周挟，曲得其次序，是圣人也。故厚者，礼之积也；大者，礼之广也；高者，礼之隆也；明者，礼之尽也。《诗》曰："礼仪卒度，笑语卒获。"此之谓也。

秉持"无为而无不为"的老子

老子是道家的开创者。但是道家作为一个思想学派,它的渊源和基本思想倾向如何呢?《汉书·艺文志》是我们今天能看到的中国最早的一份分类书目,其中《诸子略》里,概述了道家最基本的思想倾向。具体而言,有三个主要意思:第一,道家学派源于周王朝的史官,所以他们最能洞察古今成败存亡之道,从而提出了自己的社会政治思想,这是说,道家思想本质上是一种政治思想;第二,道家思想核心是"清虚以自守,卑弱以自持",就是守持一种清静无为、内敛柔弱的状态,《汉书·艺文志》说这是一种"君人南面之术",也就是君主驾驭臣子的方法;第三,道家思想本来就有合于儒学思想之处,只是有人作了偏激的发展,走向独任清虚、弃绝仁义礼制的道路。总之,《汉书·艺文志》既指出了道家思想的实质(属于政治思想），揭示了道家思想的特征（主张清虚卑弱），还刻意说明了它与儒家在思想上本来有相合之处。

《汉书·艺文志》是东汉初年的班固在西汉刘向《别录》、刘歆《七略》的基础上，删改修润而成的。而刘氏父子和班固，都是汉代的大儒。他们评述道家，是站在儒家的立场进行的。他们说道家与儒家在思想上有一些相通之处，这是合乎实际的。比如道家讲柔弱不争与儒家的仁义礼让，在意义上就有交叉；又如，道家认为世界的本体呈现为虚静状态，与儒家认为人的本性是静定的，也有相通之处。但是如果认为道家思想大抵符合儒家，那些不符合的部分乃是片面发展"清虚"的结果，这样的评断就不符合实际了。

西汉初年的司马谈作《论六家要指》，要早于刘氏父子和班固。司马谈评述道家，却又是完全站在了道家的立场作全盘褒扬。以上这种因为学者的思想立场不同而导致评价相异的情形，我们且不纠缠。不过，司马谈对道家思想内涵的介绍，要比《汉书·艺文志》周详很多。他指出，"无为而无不为"、"以虚无为本，以因循为用"、"不为物先，不为物后"（就是因顺自然的意思）以及大道"混混冥冥"的特征、对重神轻形的倡导等，这些都是道家思想的主要内涵。这些思想内涵，包括《汉书·艺文志》所揭示的"清虚以自守，卑弱以自持"的"君人南面之术"，以今天可见的老子、庄子著作对照衡量，可知汉代人所述说的道家，更符合老子的思想特征。

《老子》五千言，据说是老子所作。但老子究竟是谁呢？《老子》一书写成于何时呢？对此，却有很多争议。一般地说，关于老子其人，有一个问题似乎可以确定,即老子的生活年代跟孔子同时而稍早。据《史记·老子韩非列传》记载,孔子曾向他问礼;同样的说法又见于《礼记·曾子问》,《庄子》的《天地》《天道》《天运》《田子方》和《知北游》各篇,以及《吕氏春秋·当染》。看来孔子曾问学于老子的说法,在先秦比较流行。关于《老子》这部书,有人认为写成于战国末期,甚至认为成书于秦汉之间,而更多学者则论定它形成于《庄子》之前,也就是不晚于战国中期。但老子被基本认定生活于春秋末战国初,而《老子》成书于战国初、中期,这可能是他的弟子后学所记,其中基本保存了老子的思想,这是迄今较为普遍的看法。

关于老子的思想内涵,在《庄子·天下》篇中曾有过一个总结:"老聃曰:'知其雄,守其雌,为天下溪;知其白,守其辱,为天下谷。'人皆取先,己独取后,曰受天下之垢;人皆取实,己独取虚,无藏也故有余,岿然而有余。其行身也,徐而不费,无为也而笑巧;人皆求福,己独曲全,曰苟免于咎。以深为根,以约为纪,曰坚则毁矣,锐则挫矣。常宽容于物,不削于人,可谓至极。"这里总结的,是《老子》中"贵柔"、"处下"、"无为"的思想,今天看来虽不全面,却是《老子》中最切人用的部分,是人生态度和行为方式,是与社会人生关系最密切的思想。

那么,今天我们应该怎样全面认识老子的思想呢?概而言之,包括三个方面:"道"的自然永恒性质;"自然""无为"的世界观和人生取向;"柔弱胜刚强"的处世之道。

老子之"道"的内涵和特征

　　"道"无疑是老子以及道家思想中最为核心而崇高的概念。然而,同为道家诸子,不同的人心目中的"道"是不一致的。比如,老子与庄子的"道"便不尽相同。那么,老子所讲的"道"究竟是怎样的呢?我们先来看《老子》中的描述:

　　道之为物,惟恍惟

惚。惚兮恍兮,其中有象;恍兮惚兮,其中有物。窈兮冥
兮,其中有精;其精甚真,其中有信。自古及今,其名不
去,以阅众甫。(二十一章)

这是对"道"体的描述:"道"无形而实存,虽然恍惚难以
确实把握,但是它有信用。"以阅众甫"的"阅",有两种理
解,一是"了解、观察",二是"总揽";"甫"字也有二解,一是
"起始",二是"众大"。那么,这句话或可解释为"观察万物
的起始",也可解释为"总揽万物"。《老子》十四章说:"视之
不见,名曰夷;听之不闻,名曰希;搏之不得,名曰微。此三
者不可致诘,故混而为一。其上不皦,其下不昧。绳绳不可
名,复归于无物。是谓无状之状,无物之象,是谓惚恍。迎
之不见其首,随之不见其后。执古之道,以御今之有。能知
古始,是谓道纪。"讲的也是同样的意思。

《老子》又说:

道冲,而用之或不盈。渊兮,似万物之宗。……湛
兮,似或存。吾不知谁之子,象帝之先。(四章)

这是说,"道"虽虚无,却是生成万物的本源。所谓"渊
兮,似万物之宗"、"象帝之先",就是说"道"产生于其他一切
事物之前,是万物之母。《老子》四十二章说"道生一,一生
二,二生三,三生万物",也是这个意思。

《老子》还说:

有物混成,先天地生。寂兮寥兮,独立不改,周行而
不殆,可以为天下母。吾不知其名,字之曰道。(二十五
章)

　　这段话,除了再次申明"道"的本始性("先天地生"、"为天下母")之外,还特别强调了"周行而不殆",即"道"的永恒生机。《老子》五章说"天地之间,其犹橐籥乎！虚而不屈,动而愈出",也包含有"道"虽虚无却有永恒无限生机的意思。

　　以上就是老子对"道"体的描述。总结而言,老子之"道"有三方面的内涵和特性:其一,道是无形的东西,它看不见闻不到摸不着,人的感官无法真切感知到它,但它确是实际存在的;其二,道产生于一切事物之前,是最原始的有生机的母体,它生产了世界上其他所有的东西;其三,道独立并且运行不止,生机盎然。总之,在老子看来,"道"虽然难以用感官确切把握、捉摸,但它真实存在,有永恒生机,并有实用价值——是生养万物的母体。

道法自然，无为而无不为

　　"道法自然"，是老子对世界本质的基本认识。"无为而无不为"，是老子依据"道"而提倡的人类行为方式。这两者，共同构成老子社会人生思想的最基本的内涵。

　　前面我们已经说明老子眼中的"道"是怎样的，而"道法自然"，就是由"道"的内涵和特征推导出来的认识。我们先来看《老子》中所说的"自然"：

> 道生之，德畜之，物形之，势成之。是以万物莫不尊道而贵德。道之尊，德之贵，夫莫之命而常自然。故道生之，德畜之，长之育之，亭之毒之（即"成之熟之"），养之覆之。生而不有，为而不恃，长而不宰。是谓玄德。（五十一章）

　　这段话是讲"道"的行为特征。"莫之命而常自然"，意思是尽管道生养了万物，它却没有主观意志，万物的生养，一任其自然。"生而不有，为而不恃，长而不宰"，是说道虽有生养万物之功，但是这既不是它有意而为，它也不会占有这个功勋。这就是"道"的"自然"。这是老子对世界本质的根本认识。

　　道的"自然"性落实到人类社会，就是老子下面所说的样子：

> 太上，不知有之；其次，亲之誉之；其次，畏之侮之。

信不足，有不信。悠今其贵言。功成事遂，百姓皆谓：我
自然。（十七章）

所谓"太上"、"其次"，表示价值等级。"不知有之"，是说
不知道有君民上下这种政治等级关系，这样也就不存在管理
和被管理的政治现象。"爱民治国，能无知（为）乎"（《老子》
十章），君民上下都无知无为，各自自然生存，老子认为这是
最好的政治图景。"亲之誉之"，指君民上下关系亲近；"畏之
侮之"，指君民上下相互畏惧相互伤害。这两种情形都不是
老子赞赏的，尽管前者稍好于后者。因为，无论"亲之誉之"
还是"畏之侮之"，都是有意而为；有意而为就不自然，就不符
合道了。《老子》二十三章所说的"希言自然"，也是同样的意
思：老子希望统治者少发甚至不发政令，不要主动地有所作
为。他举例说，天降骤雨、地刮暴风，都不会坚持很长时间，
天地的作为都不能长久，何况是人的作为呢！总之，凡是主
动有为的事情，都不可能长久。所以老子才说："故道大，天
大，地大，王亦大。域中有四大，而王居其一焉。人法地，地
法天，天法道，道法自然。"（《老子》二十五章）老子这段话虽
然分四个层次讲，但是他的意思就是要表达人法道（道即"自
然"）。
　　必须注意的是，"道法自然"的"自然"，不是指大自然或
自然界，它的含义是"自然而然"。"自然"是一种行为状态，
而不是指实物。这个含义，从"功成事遂，百姓皆谓：我自
然"、圣人"以辅万物之自然"（《老子》六十四章）这样的表述
里，就可以感知得到了。钱钟书曾解释老子的"自然"，他说：
"'自然'而然，即'莫之命而常'，盖未尝别有所'法'或舍己而

81

'学',亦不自觉为'教父'而供人之'法'与'学'也。"①钱氏说
"自然"就是"自然而然",这是对的;但是他又说"自然"不是
"舍己而学",也不是去教导别人,这就可能导致误解,把老子
所说的"自然"理解为不向自身之外去求学,而自己去作为。
为什么说这是误解呢? 因为不管是因他而有为还是自己作
为,只要是明确的"为",就有意志的驱动,就有主动欲求,这
就不是老子的"自然"(自然而然)了。所以,自然而然还有一
个必须的前提,那就是老子强调的"无知"、"无欲":"不尚贤,
使民不争;不贵难得之货,使民不为盗;不见(读为'现')可
欲,使民心不乱。是以圣人之治:虚其心,实其腹,弱其志,强
其骨,常使民无知无欲,使夫智者不敢为也。为无为,则无不
治。"(《老子》三章)这段话曾经被作为老子鼓吹"愚民政策"
的铁证,真是冤枉得很! 首先,这里的"民",应当读为"人",
是对所有人而言的,不是专指社会底层民众;其次,"常使民
无知无欲"的目的是要人们"无为",而"无为"的目的是"无不
治"。老子的意思是:人只有从根本上实现"无知无欲",才能
做到"无为";而"无为"的必然结果,就是"无不为"。这个思
想,《老子》三十七章讲得非常清楚:"道常无为而无不为。侯
王若能守之,万物将自化。化而欲作,吾将镇之以无名之朴
('无名之朴'就是'道')。无名之朴,夫亦将无欲。不欲以
静,天下将自定。"这是从侯王治国的角度讲的,侯王若能无
欲而静定,也就是无欲无为、不主动有所作为,那么"天下将
自定"。

　　"无为而无不为",是老子为所有人指明的社会人生的行
为方式。它当然也是道的根本特征落实到社会生活中的必
然结论。理解这个命题,特别要注意一点:"无为"不等于"不

---

①　钱钟书:《管锥编》第二册,中华书局,1979 年。

为",不是什么都不做,"无为"是一种特殊的"为",是无知无欲的为,是昏昏昧昧的为,是自然而然的为,是无意志无目的的为,就像草木一样自然生长、自然衰萎的为。并且,"无为"不是目的,"无不为"才是目的,即以"无为"的手段达到"无不为"的目的。老子说:"天长地久。天地所以能长且久者,以其不自生,故能长生。是以圣人后其身而身先,外其身而身存。非以其无私邪?故能成其私。"(《老子》七章)所谓"不自生",就是自己不积极主动地追求养生。正因为天地"不自生",才反而成就了天地的永生;正因为圣人采取不争先、不谋生的"无私"的处世态度,才使他成为了众所景仰的圣人。这就是用"无为"的手段实现"无不为"的目的。《老子》书中还有很多同样意思的话,比如:"(圣人)不自见,故明;不自是,故彰;不自伐,故有功;不自矜,故长。"(《老子》二十二章)这是说,圣人以不自夸耀的"低调"处世态度,反而成就了他恒久的荣耀和功勋。又如:"无为而无不为。取天下常以无事;及其有事,不足以取天下。"(《老子》四十八章)这里"无为""无事"的目的就是"取天下"。从老子说的这些话看,他主张的"无为",非但不是"不为",反倒是一种"大为"。只不过,这种"为"要无欲无知,没有主动意志和预设目的。

在这里有必要附带提及:陈鼓应也讲老子的"无为"不是"不为",这是正确的;但是他进而把"无为"解释为"不妄为"[①],这就不够准确了。因为在老子看来,好好为、善意的为也是要不得的。理解老子"无为"的关键在于:他反对一切有欲求、有意志、有目的的"为"。由于陈氏《老子注译及评介》一书流传较广,影响较大,有必要特别说明一下。

---

① 陈鼓应:《老子注译及评介·老子哲学系统的形成》,中华书局,1984年。

贵柔处下,外其身而身存

"贵柔处下"及"外其身而身存"是老子主张的处世观念,意思是说:人生活在社会之中最好的姿态,是始终坚持柔弱不争的态度,把自己安放在卑下的位置;你只有不把自己的生命当回事,你的生命才会安全长存。老子何以有这种看上去悖于日常情理的思想呢? 这仍然要从老子的基本世界观推导出来。

首先,他认为世界上的事物都是相互依存的,而且往往是以对立的方式并存的。他说:"天下皆知美之为美,斯恶已;皆知善之为善,斯不善已。故有无相生,难易相成,长短相较,高下相倾,音声相和,前后相随。"(《老子》二章)这是说,美丑、善恶、有无、难易、长短、高下、音声、前后,事物中这类互相对立的性质,都是互相依存的,这一方没有了,对立的那一方也就不能存在。老子认为,这是事物存在的基本状态。

其次,老子认为这些对立并存的事物,又往往是相互循环转化的。比如众所周知的那句话:"祸兮福之所倚,福兮祸之所伏。"(《老子》五十八章)《老子》书中表达这个意思的话还有很多,如:"曲则全,枉则直,洼则盈,敝则新,少则得,多则惑"(《老子》二十二章);"将欲噏之,必固张之;将欲弱之,必固强之;将欲废之,必固兴之;将欲取之,必固与之"(《老子》三十六章)。这些话不难理解,都是在说事物不仅对立并存,并且对立的两面是不断相互转化的。这就是《老子》四十章所说的"反者道之动"。钱钟书这样解释"反"字:"'反'有两义:一者,正反之反,违反也;二者,往反(返)之反,回反(返)也。"①前者是对立,后者为转化。老子的这个思想,具有朴素的辩证因素。不过这不是我们讲述的重点,我们强调的是老子认为,这种无休止的绝对的相互对立、循环转化运动,是这个生动活泼的世界的基本面貌和生命特征,这个状态和特征是不以人的意志为转移的。

在这样的情况下,人的主动作为就是完全无益而且多余的。在自然大化不停流转的进程中,人不可能有根本性的、实质性的或者重大的作为,人的一切行为与自然大化相比,都是微不足道的,是没有助益的,所以老子才强调"无为"。同样的,人在社会生活中采取积极进取的态度,也是完全无益无补的,反而会产生很多问题,导致争夺和混乱,伤人又害己。所以,老子说:"大道废,有仁义。慧智出,有大伪。六亲不和,有孝慈。国家昏乱,有忠臣。"(《老子》十八章)又说:"绝圣弃智,民利百倍;绝仁弃义,民复孝慈;绝巧弃利,盗贼无有。此三者以为文,不足。故令有所属:见素抱朴,少私寡欲。"(《老子》十九章)老子讲这些听上去有些反常的话,其实就是要人们不必竭尽心智、耗费体力去积极"有为"。在老子看来,人们如果都不去逞竞才智,都不去追名逐利,都能做到怀抱质朴、消除私欲,社会自然就和平安定了。

正因为如此,老子主张人们在社会生活中应"柔弱"、"处下",就是自然而然的结论了。他说:

> 人之生也柔弱,其死也坚强。草木之生也柔脆,其死也枯槁。故坚强者死之徒,柔弱者生之徒。是以兵强则灭,木强则折。强大处下,柔弱处上。(《老子》七十六

---

① 钱钟书:《管锥编》第二册,中华书局,1979 年。

章)

　　天下莫柔弱于水,而攻坚强者莫之能胜,以其无以易之。弱之胜强,柔之胜刚,天下莫不知,莫能行。是以圣人云:"受国之垢,是谓社稷主;受国不祥,是为天下王。"(《老子》七十八章)

　　老子说,有鲜活生命的东西往往都是柔弱的,而那些坚挺强硬的东西则总是会死的东西;柔弱的东西(比如水)才是最为强大有力的;所以,作为道德高标的圣人,都选择身处看上去卑下、不利的地位,不为人先,因而获得了恒久的功业和生命。"柔弱胜刚强"(《老子》三十六章),"夫唯不争,故天下莫能与之争"(《老子》二十二章),这是老子提倡的一种极具智慧的处世方式。

　　这种人生态度、处世方式的提出,从理性的意义上说,乃是由于老子对对立转化的循环世界具有深刻认识;从历史兴亡的意义上说,是作为史官的老子对历史发展规律的提炼总结;从现实人生的意义上说,是他看到了人世间争夺残害的残酷,以及最终都没有好结果的事实。

原典选读

《老子》选读

（据《老子注》，［魏］王弼撰，《诸子集成》本）

一　章

道可道，非常道；名可名，非常名。无，名天地之始；有，名万物之母。故常无，欲以观其妙；常有，欲以观其徼。此两者，同出而异名，同谓之玄。玄之又玄，众妙之门。

二　章

天下皆知美之为美，斯恶已；皆知善之为善，斯不善已。故有无相生，难易相成，长短相较，高下相倾，音声相和，前后相随。是以圣人处无为之事，行不言之教。万物作焉而不辞，生而不有，为而不恃，功成而弗居。夫唯弗居，是以不去。

三　章

不尚贤，使民不争；不贵难得之货，使民不为盗；不见可欲，使民心不乱。是以圣人之治：虚其心，实其腹，弱其志，强其骨，常使民无知无欲，使夫智者不敢为也。为无为，则无不治。

四　章

道冲，而用之或不盈。渊兮，似万物之宗。挫其锐，解其纷，和其光，同其尘。湛兮，似或存。吾不知谁之子，象帝之先。

五　章

天地不仁，以万物为刍狗；圣人不仁，以百姓为刍狗。天地之间，其犹橐籥乎！虚而不屈，动而愈出。多言数穷，不如守中。

六　章

谷神不死，是谓玄牝。玄牝之门，是谓天地根。绵绵若存，用之不勤。

七　章

天长地久。天地所以能长且久者，以其不自生，故能长生。是以圣人后其身而身先，外其身而身存。非以其无私邪？故能成其私。

八　章

上善若水。水善利万物而不争，处众人之所恶，故几于道。居善地，心善渊，与善仁，言善信，正善治，事善能，动善时。夫唯不争，故无尤。

九　章

持而盈之，不如其已。揣而棁之，不可长保。金玉满堂，莫之能守。富贵而骄，自遗其咎。功遂身退，天之道。

十　章

载营魄抱一，能无离乎？专气致柔，能婴儿乎？涤除玄览，能无疵乎？爱民治国，能无知乎？天门开阖，能无雌乎？明白四达，能无为乎？

十一章

三十辐共一毂,当其无,有车之用。埏埴以为器,当其无,有器之用。凿户牖以为室,当其无,有室之用。故有之以为利,无之以为用。

十四章

视之不见,名曰夷;听之不闻,名曰希;搏之不得,名曰微。此三者不可致诘,故混而为一。其上不皦,其下不昧。绳绳不可名,复归于无物。是谓无状之状、无物之象,是谓惚恍。迎之不见其首,随之不见其后。执古之道,以御今之有。能知古始,是谓道纪。

十六章

至虚极,守静笃。万物并作,吾以观复。夫物芸芸,各复归其根。归根曰静,是谓复命。复命曰常,知常曰明。不知常,妄作,凶。知常,容。容乃公,公乃王,王乃天,天乃道,道乃久,没身不殆。

十八章

大道废,有仁义。慧智出,有大伪。六亲不和,有孝慈。国家昏乱,有忠臣。

十九章

绝圣弃智,民利百倍;绝仁弃义,民复孝慈;绝巧弃利,盗贼无有。此三者以为文,不足。故令有所属:见素抱朴,少私寡欲。

二十一章

孔德之容,惟道是从。道之为物,惟恍惟惚。惚兮恍兮,其中有象;恍兮惚兮,其中有物。窈兮冥兮,其中有精;其精甚真,其中有信。自古及今,其名不去,以阅众甫。吾何以知众甫之状哉？以此。

二十二章

曲则全,枉则直,洼则盈,敝则新,少则得,多则惑。是以圣人抱一为天下式。不自见,故明;不自是,故彰;不自伐,故有功;不自矜,故长。夫唯不争,故天下莫能与之争。古之所谓曲则全者,岂虚言哉！诚全而归之。

二十五章

有物混成,先天地生。寂兮寥兮,独立不改,周行而不殆,可以为天下母。吾不知其名,字之曰"道",强为之名曰"大"。大曰逝,逝曰远,远曰反。故道大,天大,地大,王亦大。域中有四大,而王居其一焉。人法地,地法天,天法道,道法自然。

二十八章

知其雄,守其雌,为天下溪。为天下溪,常德不离,复归于婴儿。知其白,守其黑,为天下式。为天下式,常德不忒,复归于无极。知其荣,守其辱,为天下谷。为天下谷,常德乃足,复归于朴。朴散则为器,圣人用之,则为官长,故大制不割。

三十七章

道常无为而无不为。侯王若能守之,万物将自化。化而欲作,吾将镇之以无名之朴。无名之朴,夫亦将无欲。不欲以静,天下将自定。

四十章

反者道之动,弱者道之用。天下万物生于有,有生于无。

四十二章

道生一,一生二,二生三,三生万物。万物负阴而抱阳,冲气以为和。

四十八章

为学日益,为道日损。损之又损,以至于无为,无为而无不为。取天下常以无事;及其有事,不足以取天下。

五十一章

道生之,德畜之,物形之,势成之。是以万物莫不尊道而贵德。道之尊,德之贵,夫莫之命而常自然。故道生之,德畜之,长之育之,亭之毒之,养之覆之。生而不有,为而不恃,长而不宰。是谓玄德。

五十五章

含德之厚,比于赤子。蜂虿虺蛇不螫,猛兽不据,攫鸟不搏。骨弱筋柔而握固。未知牝牡之合而全作,精之至也。终日号而不哑,和之至也。知和曰常,知常曰明。益生曰祥,心使气曰强。物壮则老,谓之不道,不道早已。

七十六章

人之生也柔弱,其死也坚强。草木之生也柔脆,其死也枯槁。故坚强者死之徒,柔弱者生之徒。是以兵强则灭,木强则折。强大处下,柔弱处上。

七十八章

天下莫柔弱于水,而攻坚强者莫之能胜,以其无以易之。弱之胜强,柔之胜刚,天下莫不知,莫能行。是以圣人云:"受国之垢,是谓社稷主;受国不祥,是为天下王。"正言若反。

八十章

小国寡民。使有什伯之器而不用,使民重死而不远徙。虽有舟舆,无所乘之;虽有甲兵,无所陈之。使民复结绳而用之。甘其食,美其服,安其居,乐其俗。邻国相望,鸡犬之声相闻,民至老死不相往来。

由"齐物"而"逍遥"的庄子

庄子(约前369—前286),名周,战国中期宋国蒙(今河南商丘市东北)人。《史记·老子韩非列传》说,庄子"与梁惠王、齐宣王同时",也就是与孟子同时而稍后。庄子曾经做过漆园小吏,生活穷苦。楚威王曾以重金迎聘他为相,却被他拒绝。

《汉书·艺文志》著录《庄子》52篇,今存33篇。现在通行的《庄子》,也就是郭象注本,包括《内篇》7篇,《外篇》15篇,《杂篇》11篇。一般认为,《内篇》为庄子自作,《外篇》和《杂篇》则基本是其弟子和后学所作。

庄子思想的基本内涵

　　要想弄清庄子思想的
基本内涵,当然应该去读懂
《庄子》的内七篇。不过,在
这里我们不妨先通过对老、
庄思想的简要比较,形成一
个概要的认识。

　　《史记·老子韩非列
传》评说庄子的思想有云:
"其学无所不窥,然其要本
归于老子之言。"所以后世
往往将老子和庄子合称为

"老庄"。其实,这种连称是不对的。因为庄子思想虽然是对老子的承袭,但是他又在老子的基础上,作出了很不相同的发展变化。主要体现在以下两个要点上:

第一,对"道"体的认识不同。老子所说的"道",虽然看不见、听不到、摸不着,恍惚窈冥,难以捉摸,但是"其中有象,其中有物,其中有精,其中有信"(《老子》二十一章),是实际存在的东西;并且,是生机无限、运行不止的生成万物的母体。庄子所说的"道"就不是这样,他说:"有始也者,有未始有始也者,有未始有夫未始有始也者。有有也者,有无也者,有未始有无也者,有未始有夫未始有无也者。"(《庄子·齐物论》)这就从时间和空间两个维度,以多层递进的方式,彻底否定了一切存在,也包括老子那个"先天地生"的"道"。庄子认为,从现实世界直到世界的本源,完全是彻底的虚无。

第二,对"道"用即对事物运作和变化方式的认识不同。老子认为事物都是相反相成、循环转化的,最为大家熟知的表述就是"祸兮福之所倚,福兮祸之所伏"。因为"有无相生,难易相成,长短相较,高下相倾,音声相和,前后相随"(《老子》二章),这个世界本不以人的意志为转移,所以人类用心尽力地去做一切事情,都是徒劳的、没有意义的,由此他推导出"无为而无不为"的结论。这里要注意的是,尽管老子强调事物的循环转化、相反相成,但他毕竟认为事物之间还是有差别的;尽管他主张"无为",但他是通过"无为"要达到"无不为"的目的,即老子最终还是要有为的,只不过他提倡用"无为"的方式去达成有为的目的。庄子则不同,庄子也认为事物之间是循环转化的,但他的"循环"不同于老子。他认为:"万物皆种也,以不同形相禅,始卒若环,莫得其伦。"(《庄子·寓言》)这段话有两个要点:一个是"不同形相禅",就是不同性质的事物可以往复变化,如人猿可以互变,猫狗可以互化;另一个是"始卒若环,莫得其伦",就是互化过程圆转无痕,没有生灭突变的讯息,这就是《大宗师》所说的"反覆终始,不知端倪"。庄子认为,任何事物的对立都不是绝对的(哪怕是暂时的绝对),而是同处在一个运行不息的圆环上不断往复循环、相互转化;事物在相互转化过程中并没有质变这个环节,其转化乃是自然而然的,原有物与转化物之间并没有本质的区别。他这样讲的目的,就是要确认任何事物之间都没有区别,倡导均齐万物、等同生死的观念。既然万事万物根本就没有任何区别,人类的一切愿景和努力就都是毫无必要、毫无意义、毫无价值的,所以他主张"不为"——既否定理想和目的,也否定手段和过程。

因此,老、庄虽然都是道家宗师,都崇尚自然,但他们的思想实有很大不同:老子肯定"道"的存在,而提倡"无为而无不为";庄子则否定包括"道"在内的一切,而提倡"不为"。老子的思想有可以实践的品格,而庄子的思想则只能停留在思想活动当中。因此,老子可以体现在比较实际的层面(如对政治思想等产生影响),而庄子只能活跃在人们(尤其是文人)的思想意识之中,这可能就是二人对后世思想文化的影响存在差异的缘故吧。

庄子思想本身远离人们的常理通识,而且他往往是用一连串玄幻的寓言来形象地表述他的思想,所以比较难于把握。因此,要理解庄子思想的基本内涵,还应该重视《庄子·天下篇》对庄周的述评。《天下篇》是先秦时期的学者评说先秦各派思想家的文章,最值得重视。它评说庄周思想的关键语句有:"芴漠无形,变化无常","死与生与,天地并与","独与天地精神往来而不敖倪于万物","不谴是非","上与造物者游,而下与外死生、无终始者为友"等。这些话的意思,如果简单地作一个概括，就是齐同万物，泯灭是非，等同生死，这就是庄子的世界观和人生观。

下面，我们就对《庄子》内七篇的整体结构及其思想表达作一简要梳理，来具体理解他的世界观和人生观。

以"齐物"达"逍遥"：庄子的世界观和人生观

前面说过，要想了解庄子思想，就要读懂《庄子》内七篇：《逍遥游》《齐物论》《养生主》《人间世》《德充符》《大宗师》《应帝王》。这七篇文字各自的核心内容，可以这样简要概括：《逍遥游》讲人生境界；《齐物论》讲去除区别和是非；《养生主》讲如何对待自己；《人间世》讲如何处世；《德充符》讲理想人格；《大宗师》讲宗法自然；《应帝王》讲顺任自然则天下自治。它们从不同的侧面，讲述社会人生的种种问题，讲述世界观和人生观，最终都归结为：一切事物都没有区别，一切是非都没有意义，人生的最高境界乃是"无己""无功""无名"的"逍遥"，这就是庄子以"齐物论"为方式或手段，实现"逍遥游"的思想脉络。

一、逍遥游——"无己""无功""无名"的人生境界

人，应当以什么样的状态生活在这个世界上？庄子给我们的答案是：理想的人生境界应该是"逍遥游"。就是像草木一样无知无识、无欲无求地游弋于天地之间，无所凭借和依托，不受任何限制和约束，否定、摒弃一切实有和价值，投身于无边无垠、无始无终的混沌虚无里，从而实现绝对的自由。

在《逍遥游》中，庄子在引出"无己""无功""无名"的"逍遥"境界之前，先讲述了一个神奇的故事：北海有一种巨鱼，名为"鲲"。鲲鱼形体巨大，不知有几千里长。它可以变形为大鸟，名叫"鹏"，鹏鸟的身长也没人知道。当它奋起而飞的时候，它的翅膀就像天边的云彩那么长、那么大。这种鸟，每

当六月海动风起的时候,就往南海迁徙。《齐谐》这本专门记述神奇怪异之事的书中说道:大鹏起飞迁徙南海的时候,它激起的水花可以飞溅三千里远,它借助强大的旋风直升到九万里的高空,然后向南飞去。知了和小鸟看到大鹏气势恢宏的飞行,就嘲笑它说:我们拼尽全力起飞,也就飞过一树那么高,有时还飞不到那么高,掉在地上也就罢了。那大鹏,干嘛要升上九万里高空,飞去南海那么遥远的地方呢!

这个故事要说明什么道理呢?有人理解为鲲鹏是逍遥的,知了和小鸟则不逍遥,对不对呢?知了和小鸟飞行受限,的确是不逍遥。但是鲲鹏呢?鲲作为一种鱼,有几千里那么长,而且可以自由突破形体和物种的限制,变化成同样大的鸟——鹏。而鹏作为一只鸟,可以凭借着六月的季风,击水而上,直飞九万里高空,由北海至南海,畅快地穿越万里天空。这是不是说比起那些只能飞跃于树枝之间的知了和小鸟,鲲鹏应该是十分逍遥自由的了?其实不是的,鲲鹏也不逍遥,庄子说:"风之积也不厚,则其负大翼也无力。故九万里,风斯在下矣。"意思是,如果没有强劲的六月季风的鼓动,大鹏几千里宽广的羽翼怎么可能腾飞万里呢?看似自由飞行的大鹏,还是必须要凭借强劲的风力才能完成壮丽的迁徙飞翔,这并不是庄子所期许的"逍遥"。

那么,庄子认为什么样的人生境界才能达到真正意义上的"逍遥"呢?《逍遥游》的后半篇为我们揭晓了答案。庄子先提及一个叫宋荣子的高人,他可以达到"举世誉之而不加劝,举世非之而不加沮"的宠辱不惊的高明境界,能够不受外界事物的干扰而坚守自己内心的平静,那这是不是一种"逍遥"呢?庄子虽然对宋荣子有所赞赏,却指出他"犹有未树(建树)"。因为这样强大的内心,需要一种对自我价值的强烈肯定做支撑,平静的表象之下,是涌动的执着。这样据守自我而屏蔽外物的坚持，并不逍遥。然后，庄子又以可以"御风而行"的列子为例，说明即便可以达到这样的境界，仍然是"虽免乎行，犹有所待者也"。有所依赖，就会受到限制，就不是真正的"逍遥"。

庄子否定了鲲鹏，否定了知了和小鸟，否定了宋荣子、列子之后，才给出了"逍遥"境界的正解：

> 若夫乘天地之正，而御六气之辩，以游无穷者，彼且恶乎待哉！故曰：至人无己，神人无功，圣人无名。

这里所谓"天地之正"、"六气之辩（变）"，其实就是指大自然；而所谓"乘"、"御"，其中并不包含主观的行为，只是无知无欲地顺应自然而已。"无穷"，既包括时间也包括空间，所谓"以游无穷"，就是把自己融入到自然大化中去，无知无欲地随着自然大化而浮沉俯仰。这样，就能不受任何限制，在无限的时空中获得"逍遥"。那么，什么人才能做到这样呢？庄子说，只有"至人"、"神人"、"圣人"才具有"逍遥"的人生，因为他们可以做到"无己"、"无功"、"无名"。这"三无"，是实现"逍遥"的充分必要条件；其中最关键的，其实是"无己"。因为人们在很大程度上，在某种特殊的条件下，可以不同程度地做到摆脱功名之想，但是"无己"即忘却自己肉体和精神的存在，把自己等同于自然万物并与之冥合为一、不分彼此，甚至连自己的生死也毫不挂心，这是很难做到的。庄子认为，一个人如果能够做到"无己"，那他就彻底"逍遥"了。

二、齐物论——无区别、无是非的世界观

《齐物论》是理解庄子思想最为关键的一篇，它表达了庄子对世界的根本认识，是庄子的世界观，也是方法论。它的

基本思想是：在有形的现实世界里，不承认万事万物之间的区别；在无形的思想世界里，不认可是非对错的分野。世界上的一切，都是混沌统一的。因此，无论对有形的物类还是无形的思想，执着于区别、执着于是非，都是没有意义的。

《齐物论》开篇，庄子描述了虚构人物南郭子綦的"吾丧我"境界——形如槁木、心如死灰，这是一种从形相到精神都呈现为虚寂的体道境界。"吾丧我"就是《逍遥游》中所说的"无己"境界，它其实是一个隐喻，其含义就是去除区别和是非，实现人与万物混同为一，无知无识无欲地任随自然大化而生灭流转。《齐物论》的结尾，庄子又讲述了"庄周梦蝶"的寓言："不知周之梦为蝴蝶与，蝴蝶之梦为周与。"这个人、蝶不分的"物化"境界，同样也是人"与万物泯一"的隐喻。

《齐物论》宣讲这个思想，是从两个维度展开的：

第一，在有形的世界（即物质世界）方面，庄子认为万事万物之间都没有区别。在这个意义上，《齐物论》这个篇题要读作"齐物、论"。庄子说：

> 物无非彼，物无非是。自彼则不见，自是则知之。故曰彼出于是，是亦因彼。彼是，方生之说也。虽然，方生方死，方死方生；方可方不可，方不可方可；因是因非，因非因是。是以圣人不由，而照之于天，亦因是也。

这一段十分拗口的表述背后，庄子是想说明在本相（实相）的世界里，万事万物本来没有分别，彼物与此物没有分别，"是亦彼也，彼亦是也"，就连生和死也没有分别，生就是死，死就是生。而万事万物之所以被区分了彼和此，那只是人类强加给本相（实相）世界的武断的判断而已。得道的圣人是没有普通世人这种偏执的，他们采取"照之于天"的态度,即不执滞于彼和此的区别,而一任混沌的自然。

第二,在无形的世界(即思想认识)方面,庄子认为人们对万事万物所持的各种认知和评断,尽管相互争论不已,其实都是没有区别的,因而也是没有意义的。在这个意义上,《齐物论》这个篇题要读作"齐、物论"。这个思想,《齐物论》讲得更为充分。众所熟知的"朝三暮四"的故事中说,养猴人给猴子喂食橡子,早晨给三个傍晚给四个,猴子们很愤怒;改为早晨给四个傍晚给三个,猴子们都很高兴。这个寓言故事就形象地昭示了,人们的是非判断犹如猴子对"朝三暮四"和"朝四暮三"的认知一样可笑。并且,人们的认识、判断,与本相(实相)世界并不相干,"求得其情与不得,无益损乎其真",人类无论怎样评判,对实相世界本身都没有什么损益,因此这些评判是毫无意义的。庄子举例说:人如果睡在湿地腰部就会受损得病,泥鳅是这样吗? 如果住在树上就会惊恐不安,猿猴是这样吗? 人、泥鳅、猿猴,各有不同的居住环境,谁的住处是正确的呢? 人爱吃牛羊鸡猪,麋鹿爱吃草,蜈蚣爱吃蛇,猫头鹰爱吃老鼠,人、麋鹿、蜈蚣、猫头鹰,各有不同的饮食爱好,谁的饮食爱好是正确的呢? 雌猿和猵狙做配偶,麋和鹿交配,泥鳅跟鱼交合。而毛嫱、西施是人类欣赏的美色,但是鱼看见她们就会深潜水底,鸟看见她们就会远飞高空,麋鹿见到她们就会迅速跑开。人、猿猴、麋鹿、鳅鱼、鸟雀,各有不同的配偶追求,谁的追求是正确的呢? 答案不言自明——这是不能作出唯一的抉择和判断的。那么,人们对这些问题作出执着的是非判断,又有什么意义和价值呢?

然而,令庄子悲哀的是,在实际的人间世里,芸芸众生往往执滞于是非,"与接为构,日以心斗",无论醒寐,都在勾心斗角,沉溺于争辩是非而不能自拔。在庄子看来,这真是无意义极了! 他讲了一个这样的道理:你我双方争辩各执一词,怎样确定谁是谁非呢?假如你胜过了我,就能证明你对我错了吗?假如我胜过你,就能说明我对你错了吗?因为你和我在争辩,所以你和我都不能够评判谁对谁错。那么就请第三方来评判吧,那也无非就四种情形:第三方认可你,或者认可我,或者你我双方他都不认可,或者你我双方他都认可。而无论哪一种情形,他都不能有效地评断是非,因为他必然会认同上述四种情形中的一种,而无论他认同了哪一种,就都是有了偏见和执着,当然就不可能作出公正的评判。这就是说,你、我、他都不可能公断是非,所以是非是无法判断的,强作判断就是没有意义的。说到终极之处,庄子认为,世界上本来就没有什么是非。

总之,"齐物、论"(去除区别)和"齐、物论"(泯灭是非),就是《齐物论》为我们展示的庄子的世界观。

三、养生主——游刃有余的养生之道

如果说《齐物论》是庄子对待万事万物的世界观,那么《养生主》就是庄子看待自身的人生观。他在《养生主》开篇就慨叹道:"吾生也有涯,而知也无涯。以有涯随无涯,殆已!已而为知者,殆而已矣!为善无近名,为恶无近刑。缘督以为经,可以保身,可以全生,可以养亲,可以尽年。"意思是说,以有限的生命去作永无止境的追求,结局一定是殉身而已。他主张做好事不要出名,出名容易为名所累所害;做坏事也不要犯法,犯法就会招致祸患;顺着身心自然中道而行,就可以保身全生、颐养天年。

那么,怎么才能达到这样的境界呢?庄子用"庖丁解牛"的故事做了形象的比喻说明:"庖丁为文惠君解牛,手之所触,肩之所倚,足之所履,膝之所踦,砉然向然,奏刀騞然,莫不中音,合于《桑林》之舞,乃中《经首》之会。"能将一个解剖

牛的过程演绎得如此美妙绝伦，这样的庖丁是如何炼成的呢？庖丁自己解释说："臣之所好者道也，进乎技矣。始臣之解牛之时，所见无非牛者。三年之后，未尝见全牛也。方今之时，臣以神遇而不以目视，官知止而神欲行。依乎天理，批大郤，导大窾，因其固然。"他的解牛已经不是简单的技艺，而是一种人生境界了。他刚开始解剖牛的时候，眼里都是整牛全牛，而解剖了几年之后，他眼中的牛就已经是一个个身体部件了。而现在，他已经达到"以神遇而不以目视"的境界，全随牛体的自然结构，运刀于筋骨皮肉的缝隙之间，牛体自然分解。为什么可以如此呢？庖丁总结道：

> 彼节者有间，而刀刃者无厚；以无厚入有间，恢恢乎其于游刃必有余地矣。

庖丁说，牛体的筋骨皮肉之间是有间隙的，而刀子很薄，只要运刀得当，就会游刃有余。"以无厚入有间"，是"游刃有余"的关键所在。这里的"刀"，是比喻人的身体、生命。庄子的意思是人生活于世界，一呼一吸、一言一行之间，都不要刻意强求，就像不能生硬地向着牛的骨头上砍刀子，而是要一任自然，当行则行，当止则止，将心神与外物相交遇、相冥合，不作主观的执着追求，这样才能让身心得到最大限度的保全。不难理解，这样的养生之道，要以去除分别心和是非心为基础和保障。

四、人间世——"心斋"的处世之法

尽管"逍遥游"是人生的理想境界，但人毕竟要在社会中生存。如何处世，就成了庄子探讨的又一个重要议题。

在《人间世》里，庄子首先虚构了弟子颜回与老师孔子的一段对话，借孔子之口描述了"心斋"的处世法门：

卫国国君残暴无道，颜回要去劝谏他。孔子说：你这是去招灾惹祸。因为卫君既然暴虐成性，就不会对仁义感兴趣，反而会非常讨厌这些美德。假设卫君是个尚贤任能的人，那他身边一定不乏像颜回你这样的人，你去了也不会对卫国的现状有什么改善；而如果卫国的危乱是因为卫君身边有一群奸佞的臣子，那么你颜回的忠谏之言将会遭到他们猛烈的攻击。即便你言行更加忠谨、态度更加谦逊，也很难打动卫君的心；即使你巧为言辞，借古人之口，引经据典地进谏忠言，也不过能够免于灾祸，却不能让卫君开化。

庄子假借孔子之口，指出颜回的做法是不可取的。为什么呢？在庄子看来："古之至人，先存诸己而后存诸人。所存于己者未定，何暇至于暴人之所行？"颜回的根本错误在于，他自己尚未修行得道，就要去劝谏暴君，当然要招祸。所以，当颜回被孔子不断反驳、无计可施的时候，孔子给出了"心斋"之法：

> 若一志，无（勿）听之以耳而听之以心，无（勿）听之以心而听之以气。耳止于听，心止于符。气也者，虚而待物者也。唯道集虚。虚者，心斋也。

耳和心，都是感知外物的器官，但是耳朵只能听声音，心只能映现事物的形象。其他感官也莫不如此，比如鼻子只能嗅味，眼睛只能见到色彩和形状。总之，一切有形的器官，其感知能力都是有限的。见识有限，就会偏执，不得大道。而未及得道就想有所作为，就会招致危险，像颜回打算劝谏卫君一样。只有"气"——虚空静寂的内心，才能容纳大道。让内心空虚以待物自至，实际上就是不要有意去感知外物，不存"感知"之心，也就是把自己融于物，成为其中无知无识、无欲无求的一员，就像《齐物论》里"吾丧我"的南郭子綦一样，形如槁木、心如死灰。如此，实际上也就从根本上否定了颜回劝谏卫君这种"有为"了。

而这"心斋"又与处世有什么关系呢？庄子借孔子之口继续说道："若能入游其樊而无感其名，入则鸣，不入则止。无门无毒，一宅而寓于不得已，则几矣。"如果能够做到心斋，就没有了功名之心，没有了执着之心，能够进谏就建言，否则就不再勉强。"无门无毒"，意思是没有一定的出入路向（"毒"读作"窦"，窦就是洞口，与"门"同义）；"一宅而寓于不得已"，就是全以"心斋"的无意志无目的心态去自然而为。这就是庄子假借孔子教导颜回，来告诉世人的处世之方。

在孔子、颜回之后，《人间世》又讲了六个虚构故事，反复阐述这个思想。我们再来看一个无材无用的"散木"的故事：

有一个名叫石的工匠去齐国，到了曲辕这个地方，看见一株社树（祭祀场所里生长的树）。这棵树很大，它的树冠可以遮盖几千头牛，树干有一百人手拉手围起来那么粗，它跟山一样高，距离地面好几丈才长出枝杈来，而可以做成独木舟的树枝就有十几根。前来围观的游人很多，像集市一样热闹。但是工匠却连一眼都不看，径直走过去了。工匠的弟子很奇怪，就问老师：自从我跟您学木工，从来没有见过这么好的木材。您却不肯看它一眼，为什么呢？工匠说：你不要说了，这只是没用的散木而已。用它造船会容易沉没，用它做棺材会容易腐烂，用它做器皿会容易坏掉，用它做屋门会容易流污水，用它做房柱会容易被虫蛀蚀。这是一棵没有任何用处的树木，正因为没什么用，它才这么长寿的。

如此一株体型巨大的散木，因为它的无材无用才没遭砍伐，而得以尽享天年。生活在战国中期的庄子，眼中所见多是战乱扰攘,不知有多少才智之士因为彰显才华、追逐功名而招致杀身之祸。所以他深切地感受到:"桂可食,故伐之;漆可用,故割之。人皆知有用之用,而莫知无用之用也。"这棵巨大的"散木",就是庄子的一个隐喻,它形象地告诉人们怎样生活于人世才能保全生命。

"心斋"教人无知无识、无欲无求,形神俱同草木,自然生灭。不显露聪明才智,不积极谋求功名,于人世而言无所可用,这正是避祸远害、颐养天年的处世妙招。

五、德充符——遗形弃知的理想人格

《德充符》是《庄子》内七篇中笔法尤其荒诞的一篇。庄子描绘了很多身体畸形怪异的形象,来塑造他遗形弃知的理想人格。这里所谓的理想人格,并非道德高标,"德充符"的"德",实际是道的载体,而这个道,在庄子思想里就是虚无。在庄子眼中,万事万物本就是混沌冥一的,物我无异,是非无别。从这个意义上说,庄子的理想人格具有两重意义:一是遗形,二是弃知。遗形的表象是形体上的残缺,实质是万物齐同、生死齐一思想的隐喻;而弃知,则是将宠辱、贵贱、好恶、是非等一切观念的执着统统丢弃。否弃了形骸和精神,也就否弃了整个的人,使人变为草木同侪。能够达到如此人生境界的人,就是庄子心目中的理想人格。我们还是来看庄子怎么说吧:

> 闉跂支离无脣说卫灵公,灵公说之,而视全人:其脰肩肩。瓮盎大瘿说齐桓公,桓公说之,而视全人:其脰肩肩。故德有所长,而形有所忘。人不忘其所忘而忘其所不忘,此谓诚忘。故圣人有所游,而知为孽,约为胶,德为接,工为商。圣人不谋,恶用知?不斲,恶用胶?无丧

（缺失），恶用德？不货，恶用商？四者，天鬻也。天鬻者，天食也。既受食于天，又恶用人！有人之形，无人之情。有人之形，故群于人；无人之情，故是非不得于身。

"闉跂支离无脣"，就是跛脚、佝偻、没有嘴脣。"其脰肩肩"，是脖颈细小的样子。"瓮盎大瘿"，就是脖子上长着像瓮盎一样大的瘤子。在庄子的眼里，"闉跂支离无脣"、"瓮盎大瘿"这类人，虽然貌丑形残，但是"德有所长"。世人往往重形貌轻道德（"不忘其所忘而忘其所不忘"），往往看重有形的实相，如人体形貌，如智识、契约、德惠、工商，而忽视无形的大道。圣人则不同，他们并不胶着在这些人世俗务之中，虽有常人的体貌，却无常人执滞于名利的情欲（"有人之形，无人之情"），一切都在无知无欲中顺任天地自然。而像"闉跂支离无脣"、"瓮盎大瘿"这样一些人，正是"道与之貌，天与之形，无以好恶内伤其身"者，正是遗形弃知的最好表征，从而形成了合乎大道的理想人格。

六、大宗师——"坐忘"而宗法自然

庄子在《大宗师》里，讲述天人一体的理念，因而倡导人们去宗法自然。

《大宗师》开篇就说："知天之所为，知人之所为者，至矣！"指出正确认识天人关系的重要性。接着，反复讲述"古之真人"的思想行为，宣示天人一体的思想。之后庄子总结道："故其好之也一，其弗好之也一；其一也一，其不一也一。……天与人不相胜。"这是说，无论你喜欢不喜欢、承认不承认天人一体这个真谛，事实上天和人都是混沌不可分的一体，天与人不是对立、较量的关系。

庄子天人一体的观念，实质上就是要人消除独立自觉的

思想和行为,把自己看做大自然的一份子,融入到自然中去。因此,所谓宗法自然,实际是融入自然,是与万物冥合为一。这也就实现了庄子之"道"。《大宗师》接下来讲述"道"的自然永恒性质,讲述人的生死是大化流转的自然现象,以及批评儒家"逆天"的仁义观念等,都是围绕这个基本主题和核心思想展开的。

在《大宗师》这篇文字中,最为精妙的是关于体道(修道)的描述:

> 南伯子葵问乎女偊曰:"子之年长矣,而色若孺子,何也?"曰:"吾闻道矣。"南伯子葵曰:"道可得学邪?"曰:"恶!恶可!子非其人也。夫卜梁倚有圣人之才而无圣人之道,我有圣人之道而无圣人之才。吾欲以教之,庶几其果为圣人乎!不然,以圣人之道告圣人之才,亦易矣。吾犹守而告之,三日而后能外天下;已外天下矣,吾又守之,七日而后能外物;已外物矣,吾又守之,九日而后能外生;已外生矣,而后能朝彻;朝彻,而后能见独;见独,而后能无古今;无古今,而后能入于不死不生。杀生者不死,生生者不生。其为物,无不将也,无不迎也;无不毁也,无不成也。其名为撄宁。撄宁也者,撄而后成者也。"

在这里,庄子虚拟了女偊这个得道者形象。他借女偊之口,首先明确道不可学,只可以自己去体悟。这是强调,即使修道也不可刻意而为,因为有意而为便违背了天道自然。接着,女偊讲述了她为卜梁倚示范的体道过程:守持虚寂的内心,三日后能够"外天下",七日后"外物",九日后"外生"。"外天下"、"外物",是抛却身外之物;而"外生",则是忘却自己的生命,不在意一己的生死。人一旦可以外生,就进入豁然开朗的境界,随遇而安无所凝滞,不受外物搅扰,不随外物迁变,进而能够突破时间的束缚,将古今齐同,一旦时间不具有相对性,那么生死的差别就也不复存在了。于是乎,体道者就进入了最高境界——不死不生、无毁无成的道的境界。庄子把这个境界命名为"撄宁",即不为纷纷扰扰的人间世所动,一任自然,从而保持内心的安宁。

这种得道的境界,《大宗师》里有另一个称呼,叫做"坐忘"。"坐忘",与《人间世》里的"心斋",是一脉相承的概念。所以,庄子仍然虚拟颜回与孔子的对话来阐发这个概念:

> 颜回曰:"回益矣。"仲尼曰:"何谓也?"曰:"回忘仁义矣。"曰:"可矣,犹未也。"他日,复见,曰:"回益矣。"曰:"何谓也?"曰:"回忘礼乐矣。"曰:"可矣,犹未也。"他日,复见,曰:"回益矣。"曰:"何谓也?"曰:"回坐忘矣。"仲尼蹴然曰:"何谓坐忘?"颜回曰:"堕肢体,黜聪明,离形去知,同于大通,此谓坐忘。"

所谓"坐忘",不仅要丢弃("忘")仁义、礼乐这些社会道德规范和价值观念,更重要的,是要忘却自身,包括有形的身躯和无形的心知("堕肢体,黜聪明,离形去知"),让自己完全融入宇宙大化("大通")之中,并随之俯仰生灭。这就是人与万物冥合为一的状态,就进入了道的境界。归根到底,或称之"撄宁",或称之"心斋"、"坐忘",其实都是一个意思:消除自我,融入自然。这就是《大宗师》所主张的宗法自然。

七、应帝王——顺任自然而天下自治

在《应帝王》篇中,庄子以几个寓言故事发表了对治理天

下的看法。其中众所熟知的"浑沌凿七窍"故事,形象而鲜明地展示了庄子的观念:

> 南海之帝为儵,北海之帝为忽,中央之帝为浑沌。儵与忽时相与遇于浑沌之地,浑沌待之甚善。儵与忽谋报浑沌之德,曰:"人皆有七窍,以视听食息。此独无有,尝试凿之。"日凿一窍,七日而浑沌死。

"浑沌"本来无知无觉,便也无喜无忧、无欲无求,作为"中央之帝",它便可以无为而治,可以与天地共长久。而南海与北海二帝,出于主观意愿,非要让它获得人人皆有的七窍,最终害死了"浑沌"。这个寓言,是以"儵"、"忽"二帝的所为比喻治天下者的通病,他们不去顺应自然、无为而治,而往往主观妄为,导致社会祸患丛生。

可见庄子认为,治天下的最高境界应该是顺应自然,无为而治,混混沌沌,与万物冥一。他说:"无为名尸,无为谋府,无为事任,无为知主。体尽无穷,而游无朕。尽其所受乎天而无见得,亦虚而已!至人之用心若镜,不将不逆,应而不藏,故能胜物而不伤。"意思是说,治天下者不要追求功名,不要谋划,不要做事,不要知识。只有秉持空虚之心,去除主观的思想和作为,让一切都顺任自然,才能不伤及万物和百姓,真正实现天下大治。

以上,我们简要介绍了《庄子》内七篇各自的思想内涵,准确理解了上述内容,我们就可以知道,七篇之中,《齐物论》和《逍遥游》是读懂《庄子》的关键,前者是世界观也是途径或方式,后者是人生观也是目的或境界。而其他五篇所讲述的,都是庄子由"齐物"实现"逍遥"这个核心思想落实在社会人生不同方面的必然观念。

原典选读

《庄子》选读

（据《庄子集释》，[清]郭庆藩撰，中华书局 1961 年版）

逍遥游（节选）

　　北冥有鱼，其名为鲲。鲲之大，不知其几千里也。化而为鸟，其名为鹏。鹏之背，不知其几千里也；怒而飞，其翼若垂天之云。是鸟也，海运则将徙于南冥。南冥者，天池也。《齐谐》者，志怪者也。《谐》之言曰："鹏之徙于南冥也，水击三千里，抟扶摇而上者九万里，去以六月息者也。"野马也，尘埃也，生物之以息相吹也。天之苍苍，其正色邪？其远而无所至极邪？其视下也，亦若是则已矣。且夫水之积也不厚，则其负大舟也无力。覆杯水于坳堂之上，则芥为之舟，置杯焉则胶，水浅而舟大也。风之积也不厚，则其负大翼也无力。故九万里，则风斯在下矣，而后乃今培风；背负青天而莫之夭阏者，而后乃今将图南。

　　蜩与学鸠笑之曰："我决起而飞，枪榆枋，时则不至，而控于地而已矣，奚以之九万里而南为？"适莽苍者，三飡而反，腹犹果然；适百里者，宿舂粮；适千里者，三月聚粮。之二虫又何知！小知不及大知，小年不及大年。奚以知其然也？朝菌不知晦朔，蟪蛄不知春秋，此小年也。楚之南有冥灵者，以五百岁为春，五百岁为秋；上古有大椿者，以八千岁为春，八千岁为秋，此大年也。而彭祖乃今以久特闻，众人匹之，不亦悲乎！

　　汤之问棘也是已。穷发之北有冥海者，天池也。有鱼焉，其广数千里，未有知其修者，其名为鲲。有鸟焉，其名为鹏，背若太山，翼若垂天之云，抟扶摇羊角而上者九万里，绝云气，负青天，然后图南，且适南冥也。斥鴳笑之曰："彼且奚适也？我腾跃而上，不过数仞而下，翱翔蓬蒿之间，此亦飞之至也。而彼且奚适也？"此小大之辩也。

故夫知效一官，行比一乡，德合一君，而征一国者，其自视也亦若此矣。而宋荣子犹然笑之。且举世而誉之而不加劝，举世而非之而不加沮，定乎内外之分，辩乎荣辱之境，斯已矣。彼其于世，未数数然也；虽然，犹有未树也。夫列子御风而行，泠然善也，旬有五日而后反。彼于致福者，未数数然也。此虽免乎行，犹有所待者也。若夫乘天地之正，而御六气之辩，以游无穷者，彼且恶乎待哉！故曰：至人无己，神人无功，圣人无名。

齐物论（节选）

南郭子綦隐机而坐，仰天而嘘，苔焉似丧其耦。颜成子游立侍乎前，曰："何居乎？形固可使如槁木，而心固可使如死灰乎？今之隐机者，非昔之隐机者也。"

子綦曰："偃，不亦善乎，而问之也！今者吾丧我，汝知之乎？女闻人籁而未闻地籁，女闻地籁而未闻天籁夫！"

子游曰："敢问其方。"

子綦曰："夫大块噫气，其名为风。是唯无作，作则万窍怒呺。而独不闻之翏翏乎？山林之畏佳，大木百围之窍穴，似鼻，似口，似耳，似枅，似圈，似臼，似洼者，似污者；激者，謞者，叱者，吸者，叫者，譹者，宎者，咬者。前者唱于而随者唱喁。泠风则小和，飘风则大和，厉风济则众窍为虚。而独不见之调调、之刁刁乎？"

子游曰："地籁则众窍是已，人籁则比竹是已。敢问天籁。"

子綦曰:"夫吹万不同,而使其自己也,咸其自取,怒者其谁邪!"

……

夫言非吹也,言者有言,其所言者特未定也。果有言邪?其未尝有言邪?其以为异于鷇音,亦有辩乎?其无辩乎?道恶乎隐而有真伪?言恶乎隐而有是非?道恶乎往而不存?言恶乎存而不可?道隐于小成,言隐于荣华。故有儒、墨之是非,以是其所非而非其所是。欲是其所非而非其所是,则莫若以明。

物无非彼,物无非是。自彼则不见,自是则知之。故曰彼出于是,是亦因彼。彼是方生之说也。虽然,方生方死,方死方生;方可方不可,方不可方可;因是因非,因非因是。是以圣人不由,而照之于天,亦因是也。

是亦彼也,彼亦是也。彼亦一是非,此亦一是非。果且有彼是乎哉?果且无彼是乎哉?彼是莫得其偶,谓之道枢。枢,始得其环中,以应无穷。是亦一无穷,非亦一无穷也。故曰莫若以明。以指喻指之非指,不若以非指喻指之非指也;以马喻马之非马,不若以非马喻马之非马也。天地一指也,万物一马也。

……

今且有言于此,不知其与是类乎?其与是不类乎?类与不类,相与为类,则与彼无以异矣。虽然,请尝言之。有始也者,有未始有始也者,有未始有夫未始有始也者。有有也者,有无也者,有未始有无也者,有未始有夫未始有无也者。俄而有无矣,而未知有无之果孰有孰无也。今我则已有谓矣,而未知吾所谓之其果有谓乎?其果无谓乎?天下莫大于秋豪之末,而大山为小;莫寿于殇子,而彭祖为夭。天地与我并

115

生,而万物与我为一。既已为一矣,且得有言乎?既已谓之一矣,且得无言乎?一与言为二,二与一为三。自此以往,巧历不能得,而况其凡乎!故自无适有以至于三,而况自有适有乎!无适焉,因是已。

......

啮缺问乎王倪曰:"子知物之所同是乎?"

曰:"吾恶乎知之!"

"子知子之所不知邪?"

曰:"吾恶乎知之!"

"然则物无知邪?"

曰:"吾恶乎知之!虽然,尝试言之。庸讵知吾所谓知之非不知邪?庸讵知吾所谓不知之非知邪?且吾尝试问乎汝:民湿寝则腰疾偏死,鳅然乎哉?木处则惴栗恂惧,猨猴然乎哉?三者孰知正处?民食刍豢,麋鹿食荐,蝍蛆甘带,鸱鸦耆鼠,四者孰知正味?猨猵狙以为雌,麋与鹿交,鳅与鱼游。毛嫱、丽姬,人之所美也,鱼见之深入,鸟见之高飞,麋鹿见之决骤。四者孰知天下之正色哉?自我观之,仁义之端,是非之塗,樊然殽乱,吾恶能知其辩!"

啮缺曰:"子不知利害,则至人固不知利害乎?"

王倪曰:"至人神矣!大泽焚而不能热,河汉沍而不能寒,疾雷破山、飘风振海而不能惊。若然者,乘云气,骑日月,而游乎四海之外。死生无变于己,而况利害之端乎!"

......

昔者庄周梦为蝴蝶,栩栩然蝴蝶也,自喻适志与!不知周也。俄然觉,则蘧蘧然周也。不知周之梦为蝴蝶与?蝴蝶之梦为周与?周与蝴蝶,则必有分矣。此之谓物化。

倡导"兼相爱，交相利"的墨子

　　以墨子为代表的墨家，在先秦时期影响很大，与儒家并称"显学"。《孟子·滕文公下》说"墨翟之言盈天下"，《韩非子·显学》也说"世之显学，儒、墨也"（其《外储说左上》篇也有"墨子者，显学也"的话）。但是秦汉以后，墨家似乎销声匿迹了，很少有人谈及它。直到清代中期，才开始有学者整理校注墨子的著作。这个现象，在中国古代思想文化史中是比较罕见的，其内因外因很复杂，这里且不去讨论，但有一个问题不能不提出来：两千多年来墨子及墨家学派被冷落，导致人们对墨子思想的认识还不够深入和准确。迄今的古代思想史、哲学史论著，大都认定"兼爱""非攻"是墨子思想的核心，这似乎已成定论。实际上，这样解读墨子很不准确，未得古人之心。那么，究竟应该怎样去理解墨子的思想核心呢？让我们先从先秦两汉学人的述评说起。

墨子思想的基本内涵

　　墨子，名翟，鲁国人，是墨家学派创始人。他的生平行迹，在《墨子》一书的《耕柱》《贵义》《公孟》《鲁问》《公输》等篇有些零星的记载。《史记》没有墨子的传记，只在《孟子荀卿列传》后面附有几句话，说墨翟生活在孔子的时代，或是在孔子之后。根据清代以来学者的研究（如孙诒让《墨子间诂·墨子

年表》、梁启超《墨子学案》等），墨子的生活年代，大致在孔子、孟子之间。他是手工业者，属于城市平民阶层，这个社会身份对他的思想影响甚大。

《汉书·艺文志》著录《墨子》71篇，今存53篇。这部书的作者，一般认为是墨子的弟子，它包括了墨子本人及其后学的基本思想。

关于墨子思想的基本内涵，我们还是先来看先秦两汉学人的述评：

《庄子·天下篇》评说墨子，指出他的思想主要有崇尚节俭（"不侈于后世，不靡于万物"），苛刻待己（"以裘褐为衣，以跂蹻为服，以自苦为极"），主张兼爱（"泛爱"）、互利（"兼利"）、非攻（"非斗"）、非乐（"毁古之礼乐"）、节葬（"死不服，桐棺三寸而无椁"）。

西汉初年成书的《淮南子》，在其《泛论训》中介绍墨子思想说："兼爱、尚贤、右鬼、非命，墨子之所立也。"其《要略》篇还指出了墨子节财、薄葬、简服的主张。

再看《汉书·艺文志》，它总结的墨家思想包括：贵俭、兼爱、尚贤、右鬼、非命、尚同。

从以上简述可知，先秦两汉学人对墨子思想内涵的认识大致相同。他们指出的这些思想内涵，在今传《墨子》书中都可以看到。

如果把先秦两汉学人对墨子思想内涵的指认，与《墨子》一书结合起来看，那么墨子思想的主要内容就更加清晰、确定了。《墨子·鲁问》记载了这样一段话：

> 凡入国，必择务而从事焉：国家昏乱，则语之尚贤、尚同；国家贫，则语之节用、节葬；国家憙音湛湎，则语之非乐、非命；国家淫僻无礼，则语之尊天、事鬼；国家务夺

侵凌，即（则）语之兼爱、非攻。

这是墨子自述的十条思想纲领，自然是墨子思想内容的可靠表述。显而易见，先秦两汉学人所述的墨家思想内容，与墨子自己所说，基本是一致的。

根据墨子的述说语态或句式，墨子思想的这十条纲领，各有一定的独立性质，它们分别针对不同的社会政治状况而发。但是，十条纲领有没有一个共同的精神，或者说十条纲领背后有没有一个思想统领呢？当然是有的，这一点学者们都不否认。只不过，这个"精神"或"统领"是什么，那就见仁见智了。较普遍的看法，是"兼爱"、"非攻"；我则以为是互利，用墨子的话说就是"交相利"，墨子思想的十条纲领，都是在这个核心观念下展开的。

既然"兼爱"、"非攻"被广泛认定为墨子思想的核心，那我们不妨就从这里说起吧。

"兼爱"的实质和目的

墨子倡导的"兼爱",就是"泛爱"、"博爱",是普遍的爱、无差别的爱。《墨子·小取》篇说得很清楚:"爱人,待周爱人,而后为爱人。不爱人,不待周不爱人;不周爱,因为不爱人矣。"所谓"周爱人",就是平等地去爱一切人,如果你不是爱所有的人,那就不叫"兼爱"了。

这个今天看来很好的思想,却遭到孟子的痛斥:"墨氏兼爱,是无父也。无父无君,是禽兽也。"(《孟子·滕文公下》)儒家也讲"仁者爱人"(《论语·颜渊》《孟子·离娄下》),那为什么孟子还要骂主张"兼爱"的墨子为"禽兽"呢? 这是因为儒家"爱人"有一个原则,即要讲等差伦序。《论语·学而》说:"弟子入则孝,出则悌,谨而信,泛爱众而亲仁。"《孟子·梁惠王上》说:"老吾老,以及人之老;幼吾幼,以及人之幼;天下可运于掌。《诗》云:'刑于寡妻,至于兄弟,以御于家邦。'言举斯心加诸彼而已。"孔子主张"泛爱众",孟子主张"老吾老,以及人之老;幼吾幼,以及人之幼",但是,"爱人"要恪守亲疏近远的伦理次序。首先要爱自己的父母兄弟,然后才能按照亲疏关系逐次推及他人,这个伦理顺序是不可侵犯、不能搞乱的。正因为墨子的"兼爱"主张平等地爱所有人,没有区分亲疏近远,违背了伦理次序,孟子才说他"无父无君",类同"禽兽"。与儒家"爱人"思想作一比较,墨子"兼爱"的内涵就更明晰了。

了解了"兼爱"的含义,接下来就要考虑三个问题。第一个问题,"兼爱"是不是墨子思想的终极目的? 如果不是,那么他的思想核心又指向哪里呢？

《墨子·兼爱上》中写道：圣人治理天下，先要懂得社会乱象是怎么产生的，才能进行有效的治理。那么，乱象是怎么产生的呢？是因为人们不相爱。子女爱自己却不爱父亲，这是"亏父而自利"；弟弟爱自己却不爱哥哥，这是"亏兄而自利"；臣下爱自己却不爱君主，这是"亏君而自利"——这就是所谓"乱"。反之亦然，父亲爱自己却不爱子女，这是"亏子而自利"；哥哥爱自己却不爱弟弟，这是"亏弟而自利"；君主爱自己却不爱臣下，这是"亏臣而自利"——这也是"乱"。推而广之，盗贼爱自己的家却不爱别人的家，所以盗窃别人家的财物以利自己家；抢劫者爱自己却不爱别人，所以伤害别人以利自身；大夫爱自己的封地却不爱别人的封地，所以搅乱人家的封地以利自家；诸侯爱自己的国家却不爱别人的国家，所以进攻别国以利本国。这些就是天下的乱象。那么产生这些混乱的原因是什么呢？是不相爱。

在这里，墨子指出不同人际关系之间的乱象，都是因为人与人不相爱，因此他主张"兼爱"，用爱来治理这些乱象。如果天下所有的人都能秉持"兼爱"之心，爱他人犹如爱自己，就不会再有混乱了。对待父、兄、君主就像对待自己，还会有不孝不忠吗？对待子女、弟弟、臣下就像对待自己，还会不加慈爱吗？把别人家看做自己家一样，还会到别人家行窃吗？爱护他人的生命就像爱护自己，还会有残害他人的事发生吗？对待别人的封地犹如自家封地，谁还会去搅乱人家的封地呢？对待别人的国家犹如自己的国家，谁还会去攻打他国呢？所以天下兼相爱就会大治，交相恶则必混乱。

不难看出，在墨子的论说中，"兼爱"只是手段，而不是目的。他的目的，是"圣人治天下"，"兼爱"只是墨子为"治天下"开出的"药方"而已。为达成某种目的而提出的方法或途径,一般是不能当做思想核心的。

第二个问题,墨子提倡"兼爱",是不是劝导以类似宗教式的无私爱心来治理社会呢? 如果不是,它的实质又是什么呢?

墨子论述以"兼爱"的办法"治天下",首先回答了一个根本问题,那就是什么叫做"治天下",或者说"治天下"应该干些什么事,达到什么目的。这在先秦诸子,看法是不同的。比如儒家的孔孟讲,治天下的准则和目的,就是要实现"仁政""王道";道家的老子讲,治天下的准则和目的,就是要实现"自然""无为"的政治格局;法家诸子则主张实现法制。墨子怎么看呢? 他说:"仁人之所以为事者,必兴天下之利,除去天下之害,以此为事者也。"(《兼爱中》)兴利除害,这就是墨家治理天下的基本准则和目的。

理解了这个基本思想,我们再看墨子的"兼爱"之说,其理路就很清晰了:他反复分析指出,社会秩序混乱,是因为人们之间"不相爱";既如此,就当然要推行"兼爱";而"兼爱"本身并不是治天下的最终目的,兴利除害才是目的,用墨子自己的话表述,这就是"兼相爱、交相利之法"(《兼爱中》)。很明显,墨子考虑问题的基点是"利害",而"兼爱"不过是他兴利除害的方法而已。因此,"兼爱"思想的实质是趋利避害,它并不是一种社会伦理的或者宗教意义的思想,而是为社会利益服务的方式。这个思想,与墨子手工业者的身份十分吻合,代表着城市平民阶层的根本利益。

第三个问题,"兼爱"如何实现呢? 墨子说实现"兼爱"并不难,他提出了两个理由:其一,趋利避害是人们的共同心理,这是"兼爱"得以实现的根本基础。现实的人生经验是:"爱人者,人亦从而爱之;利人者,人亦从而利之。恶人者,人亦从而恶之;害人者,人亦从而害之。"(《兼爱中》)既如此,人们只要认识到"兼爱"就能"互利"这个好处，从自身利益的考量出发，就不难做到"兼爱"。其二，与此同时，还需要自上而下的规约引导，这是"兼爱"得以实现的制度保障。墨子说，只要在上位者劝说引导，并且辅之以赏誉和刑罚，让人们真切体会到"兼相爱"则会"交相利"，"兼爱"就容易实现。

　　弄清楚上述三个问题，我们就能准确理解墨子的"兼爱"思想了，它的完整表达应该是"兼相爱，交相利"，前者是手段，后者是目的。

"非攻"的实质和目的

　　墨子另一个著名主张是"非攻",也被普遍视为他的核心思想。实际上,"非攻"也是实现"交相利"的手段而已。

　　《墨子·非攻上》篇写道:如果有人跑到别人的园圃中偷窃桃子李子,大家知道了就会谴责他,执政者知道了就会惩罚他。为什么呢? 因为他做了损人利己的事。偷盗人家的猪狗鸡这些小家畜,发展到偷盗马牛这些大牲畜,直到杀害无辜的人抢劫人家的财物,他的不义行径就越来越严重。为什么呢? 因为他给人造成的损失越来越多,让人家损失越多,他的不义就越严重,罪过也就越大。遇到以上这些情形,天下的君子都懂得谴责他,视为不义的行径。可是,对于攻打别人的国家这种最大的不义行为,大家却都不加谴责,反而赞誉为义举。这能算是懂得义和不义的区别吗?

　　以上这段话,墨子是围绕一个"义"字做文章,指斥偷掠攻夺是不义的行为,因此他要"非攻"。《墨子》书中"义"字出现 293 次,并专有《贵义》一篇,说"万事莫贵于义"。可见,墨子是非常看重"义"的。那么,墨子所说的"义"究竟是什么意思呢? 他说:

> 　　仁,体爱(以爱为体)也。……义,利也。……忠,以为利而强君也。……孝,利亲也。(《墨子·经上》)
>
> 　　仁,仁爱也;义,利也。爱、利,此也(谓爱利心在己);所爱、所利,彼也(谓爱利加惠于人)。(《墨子·经说下》)

　　显而易见，墨子认为"义"就是"利"。这与孔孟把义和利对立起来并崇义黜利的思想是截然不同的。

　　把"义"和"利"紧密联系在一起的思想，墨子之前就有了。如《左传·僖公二十七年》记载赵衰的话："《诗》《书》，义之府也；《礼》、乐，德之则也。德、义，利之本也。"《左传·昭公十年》晏子也说："义，利之本也。"尽管他们尚未像墨子那样把义和利直接等同起来，但也已经指出了二者的皮毛主辅关系。到墨子，不仅把"义"、"利"各自解释，他还论证了"义"等于"利"的终极根据。《墨子·法仪》说："天之行，广而无私；其施，厚而不德；其明，久而不衰。故圣王法之。……天何欲、何恶者也？天必欲人之相爱相利，而不欲人之相恶相贼也。奚以知天之欲人之相爱相利，而不欲人之相恶相贼也？以其兼而爱之、兼而利之也。奚以知天兼而爱之、兼而利之也？以其兼而有之、兼而食之也。"《法仪》篇主张"法天"而治，乍听上去，似乎跟道家的主张相似，其实，墨子的"法天"与道家的"法自然"含义完全不同。道家的"法自然"是倡导"自然无为"，而墨子要效法天的什么东西呢？"天必欲人之相爱相利，而不欲人之相恶相贼"，这是天的意志；"兼而爱之、兼而利之"，这是天的行为。天的意志和行为方式，就是人类社会应该效法的准则。换言之，相爱以互利，就是最大、最根本的"义"，这是法天而行的，所以是"利"等于"义"的思想的终极依据，不容置疑。

　　明白了墨子之"义"的内涵，我们再回到"非攻"的论题。《非攻》篇围绕"义"字做文章，究其实质，是围绕"利"字做文章。墨子考虑的是，攻伐之事在利益得失的衡量上不划算。他认为喜欢对别国发动攻伐的人，往往是以获利为目的，但是就算你打赢了，"计其所自胜，无所可用也。计其所得，反不如所丧者之多"。意思是说，战争胜利的成果（如得到一些土地），对你而言没有太大的用处，而且你所获得的利益，还不如丧失的多。他举例说：假如要攻夺一座方圆三里、加上城郭也就方圆七里的城池，战死的将士必然多则上万、少则上千，才可能攻占它。但是，对一个有能力攻掠的诸侯国来说，它缺少的不是土地，而是战士和民众。现在你要付出许多人的生命，去换取一座小小的废墟城池，岂不是舍弃了不足的东西而争取有余的东西吗？所以，攻城掠地并不是治国的要务。在墨子看来，当时各诸侯国的国情，是"人不足而地有余"。显然，墨子在这里判断义与不义，是以利害关系来衡量的。

既然攻伐不是明君善政，那怎样做才是令人赞誉的善政呢？墨子又首先提出一个判断的准则：什么是天下人所赞誉的善政？是"上中天之利，而中中鬼之利，而下中人之利"，符合天地、先祖和人民利益的政令措施，就是善政。据此来衡量攻伐战争，如上所说，是不符合这些利益的，反而是"天下之巨害"。所以，墨子要"非攻"。而"非攻"的目的，就是"兴天下之利，除天下之害"，是"尚（上）欲中圣王之道，下欲中国家百姓之利"（《非攻下》）。显然，墨子主张"非攻"的根本考虑和出发点，乃是一个"利"字，也就是《墨子·公孟》篇所说的："所攻者不利，而攻者亦不利，是两不利也。"这才是"非攻"思想的实质和目的。

以"交相利"为核心的思想体系

墨子思想的十条纲领，除兼爱、非攻外，还有节用、节葬、非乐、尚同、尚贤、非命、尊天、事鬼。这八项主张，也都是以"利"为其思想基础的。依照其思想内涵，我们可以概括为以下三个方面，简要梳理一下它们的逻辑关系。

一、节俭的民生主张

墨子提倡"节用"、"节葬"，并且"非乐"，用意都在务为节俭——节省物力民财。

《墨子·节用上》说：如果是圣明的君主治理一个国家，这个国家的财富可以翻倍增长；如果是圣明的天子治理天下，天下的财富也可以翻倍增长。所谓翻倍增长，不是通过对外掠夺土地实现的，而是"国家去其无用之费，足以倍之"，只要把国家那些奢侈无用的开支节省下来，财富就足以翻倍了。所以墨子说："去无用之费，圣王之道，天下之大利也。"这是"节用"的实质和意义。

《节葬下》说：厚葬死人，要有棺又有椁，要随葬大量的物品，导致贫贱的人几乎倾家荡产，诸侯几乎掏光府库财物，这极大地浪费了有限的社会财富。久丧要求亲人为死者守丧三年，守丧期间，守丧的人如是王公则不得上朝议政，士大夫则不能开展行政组织生产，农夫则不能耕种，百工则不能工作，妇人则不能纺织，这又是对社会财富创造力的巨大浪费。墨子总结说："细计厚葬，为多埋赋之财者也；计久丧，为久禁从事者也。财以（已）成者，挟而埋之；后得生者，而久禁之。"

意思是,厚葬使大量的财物埋入地下,久丧又长时间禁止人们创造新的财物;厚葬是浪费已有的财物,久丧是遏制将要新生的财物。无论厚葬还是久丧,都是对社会财富的无谓浪费,因此墨子主张"节葬"。

显然,墨子倡导节用、节葬,是从"利"的原则提出的。"非乐"的思想也是如此。《墨子·非乐上》说:仁者所从事的事业,是为天下兴利除害,"利人乎即为,不利人乎即止"。并且,仁者考虑的是全天下的民生问题,从不为自己的感官是否惬意、身体是否安适而去谋划什么。因此,墨子主张"非乐",并不是认为钟鼓琴瑟竽笙之声不快乐,不是认为刻镂文章之色不美丽,不是认为刍豢煎炙之味不香甜,也不是认为高台厚榭邃野之居不安适,只是由于这些奢靡的东西"上考之不中圣王之事,下度之不中万民之利",所以他才"非乐",也就是反对奢侈享乐的生活。

二、尚同的社会政治思想

墨子思想十条纲领中的尚同、尚贤、尊天、事鬼,组成了他的社会政治思想。这个政治思想,是以"尚同"为核心的。那么,"尚同"是什么意思呢?

《墨子·尚同上》从社会政治管理的起源说起,他说,远古初民社会还没有首领的时候,如果要议决一件事情,每个人都会有一个主意,人们的思想行动没办法取得一致。为了避免因"天下之人异义"导致社会混乱,事功不成,大家公选出了天子,并选立了三公、诸侯国君、政长(就是各级官吏),这样建立起一套管理体制。而这套管理体制的要义,是维护"上之所是,必皆是之;所非,必皆非之"的专制,保障"上同而不下比(比即同)",即保证向上认同、服从而不是相反。因此,所谓"尚同"就是"上同",就是自下而上的认同和服从。

之后，墨子用长篇大论，从里到乡，从乡到国，直到天下，阐说各行政层级都必须"尚同"的意义。

在墨子"尚同"的思想中，还有两点颇可注意：

第一，是尚贤。他在述说各层级官吏体制的建构中，不断重复"选择贤可者"这句话。什么样的人是墨子眼中的贤者呢？他说："贤者之治国也，蚤（早）朝晏（晚）退，听狱治政，是以国家治而刑法正；贤者之长官也，夜寝夙兴，收敛关市、山林、泽梁之利，以实（充实）官府，是以官府实而财不散；贤者之治邑也，蚤出莫（暮）入，耕稼树艺，聚菽粟，是以菽粟多而民足乎食。故国家治则刑法正，官府实则万民富。"（《墨子·尚贤中》）很明显，墨子所谓"贤者"，都是能够给国家、万民带来利益的人。与此相关，他为如何培养更多"贤者"所提出的方案，也是以"利"为激励："譬若欲众（增多）其国之善射御之士者，必将富之贵之，敬之誉之，然后国之善射御之士将可得而众也；况又有贤良之士，厚乎德行，辩乎言谈，博乎道术者乎？此固国家之珍而社稷之佐也，亦必且富之贵之，敬之誉之，然后国之良士亦将可得而众也。"（《尚贤上》）"富之贵之，敬之誉之"，就是用财富名位去奖赏"贤者"，以期造就更多的贤能之人。儒家也"尚贤"，但是其一，儒家之"贤"是仁义道德楷模，不是墨家所说的社会利益创造者；其二，儒家之"贤"追求"仁政王道"，而墨家之"贤"追求"官府实"、"万民富"。两家关于"贤者"的内涵及其追求目标都是不同的。

第二，是尊天、事鬼。上面说到，墨子讲"上同"，从里到乡，从乡到国，从国到天下，都必须逐级向上服从。那么，到了天子这里，已经是行政的最高层级，他就可以为所欲为，不必服从谁了么？不是的。墨子说："夫既尚同乎天子，而未尚同乎天者，则天灾将犹未止也。故当若天降寒热不节，雪霜雨露不时，五谷不熟，六畜不遂，疾灾戾疫、飘风苦雨荐臻而至者,此天之降罚也,将以罚下人之不尚同乎天者也。故古者圣王明天、鬼之所欲,而避天、鬼之所憎,以求兴天下之利,除天下之害,是以率天下之万民,斋戒沐浴,洁为酒醴粢盛,以祭祀天、鬼。"(《尚同中》)这是说,逐级"上同"的最终依据,乃是天和鬼。所有的人(包括天子)都必须"上同"于天、鬼。

为什么要"上同"于天呢?因为天明察秋毫,普惠万民没有偏私,赏罚必信:"顺天意者,兼相爱、交相利,必得赏;反天意者,别相恶、交相贼,必得罚。"墨子举例说:以往三代圣王禹、汤、文、武,就是敬顺天意而得赏的;三代暴王桀、纣、幽、厉,就是违逆天意而得罚的。敬天就能得利,逆天就要受害,所以要"上同"于天。

何以要"上同"于鬼呢?首先要知道,墨子所说的"鬼","有天鬼,亦有山水鬼神者,亦有人死而为鬼者",也就是天神、地祇、人鬼,是天地人的神灵,不仅限于祖先。这些神灵,与天一样,也具有"赏贤而罚暴"的神力:"鬼神之所赏,无小必赏之;鬼神之所罚,无大必罚之。"《墨子》本有《明鬼》三篇,今仅存其下篇。这篇文字,以鬼制人的旨意非常鲜明,并且,由于文中大量讲述上古圣王信鬼尊鬼而得赏、暴王不信鬼不尊鬼而得罚的故事,更体现了以鬼制天子的含义。而以鬼制人的目的,还是要"兴天下之利,除天下之害"。

三、非命思想的实质

墨子鲜明地反对命定论(宿命论)。持命定论者说:"命富则富,命贫则贫。命众则众,命寡则寡。命治则治,命乱则乱。命寿则寿,命夭则夭。"墨子则认为,无论家国天下的治乱还是个人的穷达荣辱,都不是命定的,而在于人怎样去作为,"存乎桀、纣而天下乱,存乎汤、武而天下治"(《墨子·非命下》)。

墨子进而批评命定论乃是害人之道，他说：如果大家都相信宿命，就会导致在上位者不治理国政，在下位者不做事增财。上不治理，刑法政治就要混乱；下不做事，社会财富就不生产。社会财富如果不足，那么，对上没有供品以祭祀上帝鬼神，对外没有资财以接待外国宾客、吸纳天下贤士，对内没有物资以救助饥寒、赡养老弱。所以墨子说，命定论是害人之道。

可见，墨子批评命定论，他的思想基点仍然是"利"。相信命定，则会"上不利于天，中不利于鬼，下不利于人"。只有像上古圣王那样，"与其百姓兼相爱，交相利"，则会"天鬼富之，诸侯与之，百姓亲之，贤士归之"、"近者安其政，远者归其德"，从而实现"天下万民之大利"。

原典选读

《墨子》选读

（据《墨子间诂》，[清]孙诒让撰，中华书局2001年版）

兼　爱（上）

　　圣人以治天下为事者也，必知乱之所自起，焉能治之；不知乱之所自起，则不能治。譬之如医之攻人之疾者然，必知疾之所自起，焉能攻之；不知疾之所自起，则弗能攻。治乱者何独不然！必知乱之所自起，焉能治之；不知乱之所自起，则弗能治。

　　圣人以治天下为事者也，不可不察乱之所自起。当察乱何自起，起不相爱。臣、子之不孝君、父，所谓乱也。子自爱不爱父，故亏父而自利；弟自爱不爱兄，故亏兄而自利；臣自爱不爱君，故亏君而自利：此所谓乱也。虽父之不慈子，兄之不慈弟，君之不慈臣，此亦天下之所谓乱也。父自爱也，不爱子，故亏子而自利；兄自爱也，不爱弟，故亏弟而自利；君自爱也，不爱臣，故亏臣而自利。是何也？皆起不相爱。

　　虽至天下之为盗贼者亦然。盗爱其室，不爱其异室，故窃异室以利其室；贼爱其身，不爱人，故贼人以利其身。此何也？皆起不相爱。

　　虽至大夫之相乱家、诸侯之相攻国者，亦然。大夫各爱其家，不爱异家，故乱异家以利其家；诸侯各爱其国，不爱异国，故攻异国以利其国。天下之乱物，具此而已矣。察此何自起？皆起不相爱。

　　若使天下兼相爱，爱人若爱其身，犹有不孝者乎？视父、兄与君若其身,恶施不孝! 犹有不慈者乎? 视弟、子与臣若其身,恶施不慈! 故不孝不慈亡有。犹有盗贼乎? 故视人之室若其室,谁窃! 视人身若其身,谁贼! 故盗贼亡有。犹有大夫之相乱家、诸侯之相攻国者乎? 视人家若其家,谁乱! 视人国若其国,谁攻! 故大夫之相乱家、诸侯之相攻国者亡有。若使天下兼相爱,国与国不相攻,家与家不相乱,盗贼无有,君臣父子皆能孝慈,若此则天下治。

故圣人以治天下为事者,恶得不禁恶而劝爱! 故天下兼相爱则治,交相恶则乱。故子墨子曰"不可以不劝爱人"者,此也。

非 攻(上)

今有一人,入人园圃,窃其桃李。众闻则非之,上为政者得则罚之,此何也? 以亏人自利也。至攘人犬豕鸡豚者,其不义又甚入人园圃窃桃李。是何故也? 以亏人愈多。苟亏人愈多,其不仁兹甚,罪益厚。至入人栏厩取人马牛者,其不仁义又甚攘人犬豕鸡豚。此何故也? 以其亏人愈多。苟亏人愈多,其不仁兹甚,罪益厚。至杀不辜人也,扡其衣裘、取戈剑者,其不义又甚入人栏厩取人牛马。此何故也? 以其亏人愈多。苟亏人愈多,其不仁兹甚矣,罪益厚。当此,天下之君子,皆知而非之,谓之不义。今至大为不义攻国,则弗知非,从而誉之,谓之义。此可谓知义与不义之别乎?

杀一人,谓之不义,必有一死罪矣。若以此说往,杀十人,十重不义,必有十死罪矣;杀百人,百重不义,必有百死罪矣。当此,天下之君子,皆知而非之,谓之不义。今至大为不义攻国,则弗知非,从而誉之,谓之义。情不知其不义也,故书其言以遗后世;若知其不义也,夫奚说书其不义以遗后世哉?

今有人于此,少见黑曰黑,多见黑曰白,则必以此人为不知白黑之辩矣;少尝苦曰苦,多尝苦曰甘,则必以此人为不知甘苦之辩矣。今小为非,则知而非之;大为非攻国,则不知非,从而誉之,谓之义。此可谓知义与不义之辩乎?是以知天下之君子也,辩义与不义之乱也。

奉法执术、任势尚变的韩非子

　　与先秦其他思想学派相比,法家是后起之学。《汉书·艺文志》著录先秦法家诸子共有五家,其中《慎子》的作者慎到、《李子》的作者李悝,都是战国前中期的人;而《申子》的作者申不害,以及大家熟知的《商君书》的作者商鞅,都是战国中期的人;至于韩非子,则是战国末的人了。与儒、道、墨、名诸家相比,法家诸子的生活年代都要靠后。因此,法家思想的建构,得益于其他诸家者很多——它是汲取诸家思想资源而熔铸出的新的思想体系。因此,在介绍韩非子之前,先需简单了解法家的思想渊源。

法家的思想渊源

前代各派思想家所积累的各具特色的社会政治思想,都成为法家取用以熔铸新说的资源。下面扼要作一简略说明:

法家从儒家那里,主要吸取了"正名"和"礼治"思想。《论语·子路》载,子路问为政最先要做什么,孔子说:"必也正名乎!……名不正则言不顺,言不顺则事不成,事不成则礼乐不兴,礼乐不兴则刑罚不中,刑罚不中则民无所措手足。"孔子认为"正名"是执政的第一要务。《荀子·正名篇》把这个意思说得更简洁明白:"王者之制名,名定而实辨,道行而志通,则慎(读为顺)率民而一焉。"这是说,执政者确定了"名",与之相对的"实"(实际的事物)也就清晰确定了。这样,政治就会畅通,就容易统一全民的思想行为,使人们不敢"托为奇辞以乱正名",而走上守法循令的正轨。

　　所谓"名",最基本的意思,是对"实"(实存的事物)的称谓,各种有形的和无形的事物都有称谓,也就是都有与之相表里的"名"。引申开来,则不仅是简单的称谓,对实际事物的描述、判断乃至规则、契约等,也都可以看做是"名"。儒家强调"正名"的重要,那是因为只有"名定"才能"实辨",即说法精准并且正确,事实才能够清晰明白地呈现出来。名乱则实乱,名正则实正。把这个认识落实到为政之上,就是孔了、荀子上面讲的那些话了。而为政的"正名",往往体现为政策律令、行政规范等,这些东西就是"法令"。法家主张严明法律、依法行政,与儒家的"正名"思想,实有思想上的关联。儒家"正名",到法家则体现为"定法"。

　　至于荀子大力倡导的"礼治",则除了不像"法令"那样面目冷酷外,实已具有法令的性质和功效,因为"礼"与"法"一样,都是自外向内发生强制作用以规范人的思想行为的条约规则。所以荀子说"礼者,人主之所以为群臣寸尺寻丈检式也"(《荀子·儒效》),"礼,法之大分也"(《荀子·王霸》)。韩非子作为荀子的学生,却成为先秦法家的集大成者,并非偶然。当然,"礼"与"法"虽有相通之处,但二者的思想实质和趋向则完全不同,这是应该注意的。

　　法家从道家(主要是老子)那里,主要吸取了"无为而无不为"的思想。《老子》中说:"圣人处无为之事"(二章),"无为而无不为。取天下常以无事;及其有事,不足以取天下"(四十八章),"我无为而民自化,我好静而民自正"(五十七章)。这是老子的"无为"思想。我们比照一下《慎子》来看:"天道因则大,化则细。因也者,因人之情也。人莫不自为也;化而使之为我,则莫可得而用矣。……故用人之自为,不用人之为我,则莫不可得而用矣。此之谓因。"(《因循》)慎到在这里讲"因循",提倡人们"自为"。其《威德》篇也说:天充满光明,可以普照人间,但天并不为人间存在黑暗而忧虑;地富有财物,可以供人取用,但地并不为人间存在贫困而忧愁。这就是天地的"无事",不主动作为,顺任人们自为。圣人也是如此,圣人可以带给人们安宁,但是他从不忧虑百姓的危难,这是圣人的"无事"。与《老子》的话比较一下,就不难看出,其思想理路如出一辙。粗略地说,老子"无为而无不为"的思想对法家的影响,主要在"术",也就是为君之术以及君臣关系的思想。法家提倡君静臣劳的统治术,与道家(主要是老子)思想关联极为密切。

法家从墨家那里,主要吸取了"尚同"思想。我们在讲墨家时说过,墨子"尚同",主张"一同天下之义",其实质内涵乃是"上同",逐级服从上官,直至天子,也就是提倡自上而下的专制。我们再看慎到,他也说:"有道之国,法立,则私议不行;君立,则贤者不尊。民一于君,事断于法,是国之大道也。"慎到说"民一于君",就是墨子所谓"上同";而所谓"事断于法",因为法由君定,其实质也是"一于君"。到了《韩非子》,更是大谈此义(如其《爱臣》《二柄》《扬摧》等篇),隆崇君权威势以至于无极,成为法家的一个基本思想。

至于法家与名家之关系,那就更加直接了。我们在前文说过,儒家提倡的"正名",与法家的"定法"具有思想关联。而名家,则是专研"名"理的思想学派,主张循名责实、名实相符,法家和它的思想关联就更加密切了。《尹文子》是先秦名家重要著作,至今仅存《大道》上、下两篇。这两篇文字,由于它把"形名"和"法术"紧密结合起来说理论道,后世也有不少学者把它直接看做法家著作。《大道》的基本思路是:首先提出正名应形、形名相符的基本原则,所谓"名者,名形者也;形者,应名者也。……万物具存,不以名正之则乱;万名具列,不以形应之则乖";之后说到循名责实的目的,就是"定此名分，则万事不乱”；最后自然归结到“法”，“以名稽虚实，以法定治乱，以简治烦惑，以易御险难，以万事皆归于一，百度皆准于法”。这正是一条由形名学通向法治论的清晰思路。所以后世又称法学为"刑名之学"，吕思勉早就指出："'刑'实当作'形'，观《尹文子·大道》可知。"

我们今天可以理解，从形名学走向法学，有着自然而然的理路：名学要求循名责实，名实统一，并且是以名正实，它与法令条文既定，则依法行事、依法考功，是同样的道理。尹文子说"使善恶画然有分，虽未能尽物之实，犹不患其差也"（《尹文子·大道上》），与慎到说"法虽不善，犹愈于无法，所以一人心也"（《慎子·威德》），论如划一。其要旨都在于：以名或法为最崇高的、唯一可依的根据，名或法既定，则形和事就顺理成章了。到《韩非子》，将形名之理与依法施治合说共述，就更常见了。

"法"与"势"、"术"结合:韩非子的法治思想

韩非(约前 280 — 前 233),战国末期韩国公子。《史记·老庄申韩列传》说,韩非"喜刑(形)名法术之学","与李斯俱事荀卿,斯自以为不如非"。韩非著书十余万言,秦始皇看到《五蠹》《孤愤》,慨叹"得见此人与之游,死不恨矣"!于是起兵攻打韩国。韩王派韩非出使秦国,但因李斯、姚贾的妒忌谗害,韩非死于秦国狱中。韩非的著作,《汉书·艺文志》著录《韩非子》55 篇,今尚存。一般认为大多是韩非自著,其中也有后学或他人之作。

关于韩非子的思想,冯友兰曾指出:"在他(指韩非)以前,法家已经有三派,各有自己的思想路线:一派以慎到为首,他以'势'为政治和治术的最重要的因素。另一派以申不害为首,强调'术'是最重要的因素。再一派以商鞅为首,最重视'法'。……韩非认为,这三者都是不可缺少的。"①这代表了今人的普遍看法。韩非子的确是先秦法家的集大成者,

---

① 冯友兰:《中国哲学简史》,北京大学出版社,1996 年。

以"法"为核心理念,结合"势"、"术"的运作方式,构成韩非子法治思想系统。

一、法:释情任法,唯法是从

《韩非子》中侧重讲"法"的主要篇目,有《有度》《二柄》《奸劫弑臣》《守道》《用人》《定法》等篇。它们论说法制思想,自成完整的体系。

首先,韩非子正面论述了"法"的必要性、重要作用及其基本内涵、根本目的。他在《奸劫弑臣》篇说:治理国家,只有"正明法,陈严刑",才能戡乱避祸,才能使强不凌弱,众不欺寡,老幼得养,边境不遭侵犯,君臣互保,父子相亲,才能避免国破家亡的灾祸。他类比说如果没有马鞭和笼头勒口,就算上古擅长驾车者造父也不能驯服马匹;如果没有圆规、矩尺和墨斗,即使上古巧匠王尔也难以画成方圆;如果没有威严之势、赏罚之法,即使圣君尧、舜也难以治理好一个国家。在韩非子看来,对于治理国家而言,建立"明法""严刑"是非常重要和必要的。因为只有施行法制,才能维系社会秩序。

那么,"法"的主要内涵(或措施)是什么呢?韩非子说:

> 明主之所导制其臣者,二柄而已矣。二柄者,刑、德也。何谓刑德?曰:杀戮之谓刑,庆赏之谓德。为人臣者畏诛罚而利庆赏,故人主自用其刑德,则群臣畏其威而归其利矣。(《二柄》)

韩非子把法制的核心提炼为刑、德(也就是罚和赏)这两个相辅相成的权柄,他认为君主只要掌握、运用好赏罚这"二柄",就能有效地驾驭群臣,使政治有序地运行。

接下来的问题是:君主又该怎样使用赏、罚的法制手段呢？韩非子说："人主将欲禁奸，则审合刑名。刑名者，言与事也。为人臣者陈而（读为其）言，君以其言授之事，专以其事责其功。功当其事，事当其言，则赏；功不当其事，事不当其言，则罚。故群臣其言大而功小者则罚，非罚小功也，罚功不当名也；群臣其言小而功大者亦罚，非不说（读为悦）于大功也，以为不当名也，害甚于有大功，故罚。"（《二柄》）这是一个很有创意的思想，群臣各自应该做什么事、取得什么样的成绩，要让臣子自己提出预案和规划。君主的责任是考核臣子做事的结果，如果成就与预案吻合，就奖赏；如果不吻合，就惩罚。最有意思的是，臣子"言大功小"固然该罚，而"言小功大"也要受罚，韩非子的道理是，功名不吻合的危害最大，不能以获得大成就来掩盖其违法的危害。这就鲜明地体现了唯法独尊、唯法是从的法制观念。

韩非子大力提倡法治的目的是强国，他说："国无常强，无常弱。奉法者强则国强，奉法者弱则国弱。……故当今之时，能去私曲就公法者，民安而国治；能去私行行公法者，则兵强而敌弱。……故明主使其群臣不游意于法之外，不为惠于法之内，动无非法。"（《有度》）

其次，法治的对立面是"人治"，也就是儒家、墨家主张的"仁政"（轻刑罚，薄税敛）、"尚贤"（以德才为上）之说。为了树立唯法是从的理念，韩非子极力反对"仁政"和"尚贤"。他说：施舍财物给贫困的人，这是世人所谓"仁义"；可怜百姓，不忍让他们遭受刑罚，这是世人所谓"惠爱"。殊不知，"仁义"之政就是让没有功劳没有贡献的人无端获得奖赏，"惠爱"之政则将导致违法暴乱者不断出现。这样做的结果，必然是引导人们投机取巧，或者追求伪善之名，或者追逐巧利，而不再追求建功立业，不再努力耕作生产，不再追求征战军功。长此以往，社会上奸邪狡诈的人越来越多，谋私逐利的人越来越多,违法乱律的人越来越多,国家想不衰败都难了。所以韩非子的结论就是:"仁义爱惠不足用,而严刑重罚可以治国。"(《奸劫弑臣》)

以上是反对施行仁政。与此同时,韩非子还反对"尚贤",他说:"人主有二患:任贤,则臣将乘于贤以劫其君;妄举,则事沮(毁败)不胜。故人主好贤,则群臣饰行以要君欲,则是群臣之情(诚)不效;群臣之情不效,则人主无以异(谓真伪不分)其臣矣。"(《二柄》)意思是说,君主治国,不可以举贤任能。因为如果选拔任用所谓"贤人",就会导致人们伪饰自己的品行,掩藏其真实面目,以欺骗、讨好君主。君主如果重用这样的人,那不但事功不成,而且是危险的。何况,在韩非子看来,世人所说的"贤者"是怎样的人呢?他说:"世之所谓贤者,贞信之行也;所谓智者,微妙之言也。"(《五蠹》)这是说,"智者"所宣讲的,往往是一些玄奥微妙的思想,不切实际又难于理解,不便实行;而正直守信的"贤者"少之又少,百不足一,完全不够任用。君主如果执着于任贤使能,则不仅事实上不可能,更是难有实际的功效。所以,他主张"一法而不求智,固术而不慕信",就是以法术为唯一的准则,不任智者和贤者。在《显学》篇,韩非子也呼吁"民智不可用",认为"举士而求贤智"实为"乱之端也"。一言以蔽之,就是主张专用法治而不尚贤智。韩非子的这个思想,被近世学者概括为"反智主义"。

总之,韩非子以正论、驳论两种方式,系统论说了释情任法、唯法是从的根本思想。

二、势:唯主是尊,严明赏罚

《韩非子》侧重讲"势"的主要篇目,有《爱臣》《奸劫弑臣》《守道》《功名》《八经》等篇。韩非子所谓"势",是指君主的权势、威势。但要注意,他主要不是说君主以势压人,他的思想精义或旨趣在于君主保持绝对威权的理由和目的,是要保障依法公平公正地实施赏罚。

我们先来看他所说的"势"是什么。《奸劫弑臣》篇说:君主治国,必须要有"使人不得不爱我之道",而不能指望别人主动来爱戴我;要能"使天下不得不为己视,天下不得不为己听",而不要指望天下人会自愿为自己效力。所谓"使人不得不爱我","使天下不得不为己",这便是君主的"势"。韩非子强调:"万物莫如身之至贵也,位之至尊也,主威之重,主势之隆也。"(《爱臣》)他把身贵、位尊、威重、势隆称为"四美",认为这是君主必备的。

那么,君主为什么要必备威势呢?韩非子解释说:一个人虽然德才兼备,但如果他没有权势地位,他还是不能管制那些不肖之徒。桀为天子,便能管制天下,并不是他多么贤德,而是他的权势重大;尧做平民的时候,连三户人家都管不了,不是他不够贤德,而是由于地位卑微。所以,"位高"、"势重"是君主必须保持的状态。并且,"人主者,天下一力以共载之,故安;众同心以共立之,故尊。人臣守所长,尽所能,故忠。以尊主御忠臣,则长乐生而功名成"(《功名》)。在韩非子看来,君主"位高"、"势重",是国家安定强盛的前提,因为只有君主"位高"、"势重",臣民才能尽忠。主尊臣忠,国家才会秩序井然,才会安定和乐、事业成功。所以韩非子强调:"善任势者国安,不知因其势者国危。"(《奸劫弑臣》)

理解到这里,还是未能深入韩非子思想的真谛。因为,仅以君主的绝对权威去威吓臣民,这还只是"人治",不是"法治"。韩非子讲"势",目的在于维护君主之"势",从而保障赏罚的顺利公平实施。也就是说,"势"是为"法"服务的。《韩非子》书中多有这个说法,而以《八经》篇的第一经《因情》讲得最为明晰贴切,他说:大凡治理天下,一定要考察并且顺应人的情欲。人的情欲是怎样的呢?就是有喜好想要的东西和厌恶拒绝的东西。人有好恶,赏罚的办法就可以施用了;赏罚可用,就可以以法治国了。然则,君主在法制中处于什么地位、起着怎样的作用呢?

> 君执柄以处势,故令行禁止。柄者,杀生之制也;势者,胜众之资也。废置无度则权渎,赏罚下共则威分。……故明主之行制也天,其用术也鬼。天则不非,鬼则不困。……然后一行其法,禁诛于私。家不害功罪,赏罚必知之;知之,则治道尽矣。

这段话,就是阐述君主"执柄"与"处势"两相结合之义。韩非子说,"柄"(法令)是惩罚的制度,如果频繁更替就丧失了它的严肃性;"势"(权位)是控制臣民的资本,如果与臣下分享就失去了君主的尊严。因此,君主必须保证其威权势位不受侵犯。而维护君主的威势,目的是保证"行制也天",施行法制像天那样信赏必罚、公正无私,这是君主守"势"的根本理由。君主借"势"施行赏誉、诛毁,完全依法行事,没有偏私,让天下都明白这一点,天下就大治了。

隆尊主势,实质是主张君主专制。不过,在韩非子思想体系内,专制并不导致独裁,反而是赋予君主一种义务——强力保证法令的畅通、施行。韩非子反复宣讲"主道",为君主之道,从未给君主随心所欲、为所欲为的权利,而是一再强调君主要"无为静治",要喜怒不形于色,要后发制人(臣)。所谓"为人臣者陈而(读为其)言,君以其言授之事,专以其事责其功。功当其事,事当其言,则赏;功不当其事,事不当其言,则罚"(《二柄》);所谓"明君无偷(苟且)赏,无赦罚。赏偷则功臣堕其业,赦罚则奸臣易为非。是故诚有功则虽疏贱必赏,诚有过则虽近爱必诛"(《主道》);所谓"释法术而心治,尧不能正一国","明主使其群臣不游意于法之外,不为惠于法之内,动无非法"(《有度》);这些话的意思再明确不过,法大于君主,也比君主重要,君主是法的最高执行者,君主的基本任务就是保证国法的顺畅实行。在某种意义上,这也是对君主的约束、制衡。

三、术:主静臣动,考核事功

《韩非子》侧重讲"术"的篇目,主要有《主道》《二柄》《扬搉》《奸劫弑臣》《南面》《定法》《八经》等篇。韩非子所谓"术",主要指君主的"驭臣之术"(如果"法术"连用,则偏指法),其内涵有阴、阳两面。其阴密者,是讲主静臣劳、主隐臣显之类;阳明者,是说一依法令、考核事功之类。

我们先看其隐秘一面的含义。《主道》篇说:明君治国驭臣,要遵循"道"。"道"的特征是"虚静以待,令名自命也,令事自定也",就是让万事万物自然运行,不加干预和指使。君主治国理政,也当如此:"君无见(读为现,下文同)其所欲,君见其所欲,臣将自雕琢;君无见其意,君见其意,臣将自表异。"意思是,君主不要把自己的想法和欲求暴露给臣下。因为臣下如果窥测到了君主的心愿,他就会按照君主希望的样子去伪饰自己,按照君主盼望的结果去伪造事功。相反的,君主如果不表露自己的好恶和诉求,臣下就会更加本色、实诚;君主不说主张、不提措施,臣下就会更加尽职守责、努力做好自己的工作。这样的结果,就是"明君无为于上,群臣竦惧乎下","有功则君有其贤,有过则臣任其罪"。

不难看出,韩非子这个如何做君主的思想,来源于《老子》的"无为而无不为"。韩非子不断讲说这个思想:"明主,其务在周密。是以喜见则德偿,怒见则威分。故明主之言,隔塞而不通,周密而不见。"(《八经》)所谓"喜见则德偿",是说君主如果表现出了自己的喜好,那么臣子就会顺着君主的喜好装扮自己以为美德;所谓"怒见则威分",是说君主如果表现出了自己的厌恶,那么臣子也会惩戒君主讨厌的东西,这就分散了君主的威权。所以,韩非子说明君执政"务在周密"。

韩非子之"术",光明一面的含义,就是以法治臣,绝无偏私恩惠:"人主使人臣,虽有智能不得背法而专制,虽有贤行不得踰功而先劳,虽有忠信不得释法而不禁,此之谓明法。"(《南面》)这就是说,君主对待臣下的原则是:臣下即使再有智能也不允许他做违法的事,再有德行也不能让他无功受赏,再有忠信也不能让他逃脱法律制裁。君主驾驭臣下的办法是"循名实而定是非,因参验而审言辞"(《奸劫弑臣》),这就是《二柄》篇所说的"为人臣者陈而(读为其)言,君以其言授之事,专以其事责其功。功当其事,事当其言,则赏;功不当其事,事不当其言,则罚"的意思。君主的作用,不是自己竭尽心力去开创事功,而是以威势督责臣子努力工作,让臣子建言献策,让臣子去完成其承诺。待事情结束后,再把他的言、事、功放在一起考核比对,吻合则赏,不吻合则罚。

那么,既然"言大功小"、"言小功大"都要受到处罚,臣子不建言不做事,就该无赏无罚、相安无事了吧?不是!韩非子说:

> 主道者,使人臣必有言之责,又有不言之责。言无端末、辩无所验者,此言之责也。以不言避责、持重位者,此不言之责也。人主使人臣,言者必知其端以责其实,不言者必问其取舍以为之责,则人臣莫敢妄言矣,又

不敢默然矣，言、默则皆有责也。(《南面》)

这是说，臣子必须建言做事，同时必须接受考核、赏罚。

以上就是韩非子之"术"的基本内涵。不难看出，无论"阴术""阳术"，都是服务于"法"、保障法治顺利实行的手段。所以韩非子说："术者，因任而授官，循名而责实，操杀生之柄，课群臣之能者也——此人主之所执也。法者，宪令著于官府，刑罚必于民心，赏存乎慎法，而罚加乎奸令者也——此臣之所师也。君无术则弊于上，臣无法则乱于下，此不可一无，皆帝王之具也。"(《定法》)

"不期修古，不法常可"的尚变精神

法家尚变，主张法规政令应该因时因势而相应地变革。这个思想，与孔孟、墨子动辄以"先王"、上古"三代"为价值标准不同。

在这里应该特别说明的是，荀子在这一点上，与孔、孟是不一样的。第一，与孔、孟更多赞美上古三代的美政不同，荀子更重视以当下的实践去检验思想主张的好坏："善言古者，必有节于今；善言天者，必有征于人。凡论者，贵其有辨合，有符验。故坐而言之，起而可设，张而可施行。"（《荀子·性恶》）这是一种重视实用实效的思想方法，但是其中已包含有"权变"的意思。第二，荀子主张"法后王"，也与孔、孟的"法先王"思想不同。《荀子·王制》说："王者之制，道不过三代，法不贰后王。道过三代谓之荡，法贰后王谓之不雅。"其《非相》篇也说："礼莫大于圣王。圣王有百，吾孰法焉？曰：文（指礼制）久而息，节族（同节奏，也是制度的意思）久而绝。……欲观圣王之迹，则于其粲然者矣，后王是也。彼后王者，天下之君也。舍后王而道上古，譬之是犹舍己之君而事人之君也。故曰：欲观千岁，则审今日；欲知亿万，则审一二；欲知上世，则审周（身边）道。欲知周道，则审其人所贵君子。故曰：以近知远，以一知万，以微知明，此之谓也。"所谓"后王"，就是"后世之王"，是距离当下较近的君王。"法后王"之说的意义在于，它是一种反对因循守旧的思想方法，呈现出一种积极发展的思想倾向。

韩非子作为荀子的学生，在这一点上大力发展了荀子思

想,提倡变革。不过,应该注意的是,法家尚变,却也并非为变而变,他们有其变与不变的原则:

> 不知制者,必曰"无变古,毋易常"。变与不变,圣人不听,正治而已。然则古之无变,常之毋易,在常、古之可与不可。(《南面》)

这是说,变革与否,要看是否需要变革。对于"古"、"常"即自古以来恒常的为政方法或原则,要看它"可与不可"。那么,衡量"可与不可"的标准是什么呢?韩非子说:

> 是以圣人不期修古,不法常可,论世之事,因为之备(法令)。……故事因于世,而备适于事。……故曰:世异则事异。……故曰:事异则备变。(《五蠹》)

这就是说,"常"、"古"之变与不变,要看它是否适合当下时事的实用。当然,这个判断还有各自根本思想作为其基础。儒家崇尚"仁政",他们认为上古三代的政治措施就是仁政,所以主张"法先王",主张"复古";而法家主张依法行政,那就要从"法"的眼光去看"常"、"古"的适用与否,来决定变与不变。而客观事实是,"世异则事异","事异则备变",不同的时代必然有这个时代的新环境、新问题,有了新的情势、新的问题,解决的对策就要改变以求适合。所以,"不期修古,不法常可"的总体倾向,是一种追求发展变化的思想,与一味的"复古"者迥异,从而成为法家独具特色的思想主张之一。

原典选读

《韩非子》选读

（据《韩非子集解》，[清]王先慎撰，中华书局 1998 年版）

二　柄

　　明主之所导制其臣者，二柄而已矣。二柄者，刑、德也。何谓刑德？曰：杀戮之谓刑，庆赏之谓德。为人臣者畏诛罚而利庆赏，故人主自用其刑德，则群臣畏其威而归其利矣。故世之奸臣则不然，所恶则能得之其主而罪之，所爱则能得之其主而赏之。今人主非使赏罚之威利出于己也，听其臣而行其赏罚，则一国之人皆畏其臣而易其君，归其臣而去其君矣，此人主失刑德之患也。夫虎之所以能服狗者，爪牙也；使虎释其爪牙而使狗用之，则虎反服于狗矣。人主者，以刑、德制臣者也。今君人者，释其刑、德而使臣用之，则君反制于臣矣。故田常上请爵禄而行之群臣，下大斗斛而施于百姓，此简公失德而田常用之也，故简公见弑。子罕谓宋君曰："夫庆赏赐予者，民之所喜也，君自行之；杀戮刑罚者，民之所恶也，臣请当之。"于是宋君失刑而子罕用之，故宋君见劫。田常徒用德而简公弑，子罕徒用刑而宋君劫。故今世为人臣者兼刑、德而用之，则是世主之危甚于简公、宋君也。故劫杀拥蔽之主，非失刑、德而使臣用之而不危亡者，则未尝有也。

　　人主将欲禁奸，则审合刑名。刑名者，言与事也。为人臣者陈而言，君以其言授之事，专以其事责其功。功当其事，事当其言，则赏；功不当其事，事不当其言，则罚。故群臣其言大而功小者则罚，非罚小功也，罚功不当名也；群臣其言小而功大者亦罚,非不说于大功也,以为不当名也,害甚于有大功,故罚。昔者韩昭侯醉而寝,典冠者见君之寒也,故加衣于君之上,觉寝而说,问左右曰:"谁加衣者?"左右对曰:"典冠。"君因兼罪典衣与典冠。其罪典衣,以为失其事也;其罪典冠,以为越其职也。非不恶寒也,以为侵官之害甚于寒。故明主之畜臣,臣不得越官而有功,不得陈言而不当。越官则死,不当则罪。守业其官,所言者贞也,则群臣不得朋党相为矣。

人主有二患:任贤,则臣将乘于贤以劫其君;妄举,则事沮不胜。故人主好贤,则群臣饰行以要君欲,则是群臣之情不效;群臣之情不效,则人主无以异其臣矣。故越王好勇,而民多轻死;楚灵王好细腰,而国中多饿人;齐桓公妒而好内,故竖刁自宫以治内;桓公好味,易牙蒸其子首而进之;燕子哙好贤,故子之明不受国。故君见恶则群臣匿端,君见好则群臣诬能。人主欲见,则群臣之情态得其资矣。故子之托于贤以夺其君者也,竖刁、易牙因君之欲以侵其君者也;其卒子哙以乱死,桓公虫流出户而不葬。此其故何也?人君以情借臣之患也。人臣之情非必能爱其君也,为重利之故也。今人主不掩其情,不匿其端,而使人臣有缘以侵其主,则群臣为子之、田常不难矣。故曰:去好去恶,群臣见素。群臣见素,则大君不蔽矣。

五 蠹(节选)

上古之世,人民少而禽兽众,人民不胜禽兽虫蛇。有圣人作,构木为巢,以避群害,而民悦之,使王天下,号之曰"有巢氏"。民食果蓏蚌蛤,腥臊恶臭而伤害腹胃,民多疾病。有圣人作,钻燧取火,以化腥臊,而民说之,使王天下,号之曰"燧人氏"。中古之世,天下大水,而鲧、禹决渎。近古之世,桀、纣暴乱,而汤、武征伐。今有构木钻燧于夏后氏之世者,必为鲧、禹笑矣;有决渎于殷、周之世者,必为汤、武笑矣。然则今有美尧、舜、鲧、禹、汤、武之道于当今之世者,必为新圣笑矣。是以圣人不期修古,不法常可,论世之事,因为之备。宋人有耕者,田中有株,兔走触株,折颈而死。因释其耒而守株,冀复得兔。兔不可复得,而身为宋国笑。今欲以先王之政治当世之民,皆守株之类也。

古者丈夫不耕,草木之实足食也;妇人不织,禽兽之皮足衣也。不事力而养足,人民少而财有余,故民不争。是以厚赏不行,重罚不用,而民自治。今人有五子不为多,子又有五子,大父未死而有二十五孙。是以人民众而货财寡,事力劳而供养薄,故民争。虽倍赏累罚,而不免于乱。

尧之王天下也,茅茨不翦,采椽不斫;粝粢之食,藜藿之羹;冬日麑裘,夏日葛衣:虽监门之服养,不亏于此矣。禹之王天下也,身执耒臿以为民先,股无完胈,胫不生毛,虽臣虏之劳,不苦于此矣。以是言之,夫古之让天子者,是去监门之养而离臣虏之劳也,故传天下而不足多也。今之县令,一日身死,子孙累世絜驾,故人重之。是以人之于让也,轻辞古之天子,难去今之县令者,薄厚之实异也。夫山居而谷汲者,膢腊而相遗以水;泽居苦水者,买庸而决窦。故饥岁之春,幼弟不饷;穰岁之秋,疏客必食。非疏骨肉、爱过客也,多少之心异也。是以古之易财,非仁也,财多也;今之争夺,非鄙也,财寡也。轻辞天子,非高也,势薄也;重争土橐,非下也,权重也。故圣人议多少、论薄厚为之政。故罚薄不为慈,诛严不为戾,称俗而行也。故事因于世,而备适于事。

古者,文王处丰、镐之间,地方百里,行仁义而怀西戎,遂王天下。徐偃王处汉东,地方五百里,行仁义,割地而朝者三十有六国。荆文王恐其害己也,举兵伐徐,遂灭之。故文王行仁义而王天下，偃王行仁义而丧其国，是仁义用于古而不用于今也。故曰：世异则事异。当舜之时，有苗不服，禹将伐之。舜曰："不可！上德不厚而行武，非道也。"乃修教三年，执干戚舞，有苗乃服。共工之战，铁铦短者及乎敌，铠甲不坚者伤乎体，是干戚用于古不用于今也。故曰：事异则备变。上古竞于道德，中世逐于智谋，当今争于气力。齐将攻鲁，鲁使子贡说之。齐人曰："子言非不辩也，吾所欲者土地也，非斯言所谓也。"遂举兵伐鲁，去门十里以为界。故偃王仁义而徐亡，子贡辩智而鲁削。以是言之，夫仁义辩智，非所以持国也。去偃王之仁，息子贡之智，循徐、鲁之力使敌万乘，则齐、荆之欲，不得行于二国矣。

夫古今异俗，新故异备，如欲以宽缓之政治急世之民，犹无辔策而御駻马，此不知之患也。今儒、墨皆称"先王兼爱天下"，则视民如父母。何以明其然也？曰："司寇行刑，君为之不举乐；闻死刑之报，君为流涕。"此所举先王也。夫以君臣为如父子则必治，推是言之，是无乱父子也。人之情性，莫先于父母，父母皆见爱而未必治也；君虽厚爱，奚遽不乱！今先王之爱民，不过父母之爱子，子未必不乱也，则民奚遽治哉！且夫以法行刑而君为之流涕，此以效仁，非以为治也。夫垂泣不欲刑者，仁也；然而不可不刑者，法也。先王胜其法，不听其泣，则仁之不可以为治亦明矣。

辨物正名、循名责实的名辩思潮

从春秋末年直到战国末期，流行着辨物正名的学术思潮，形成了"名家"学派。但是，与儒、墨、道、法等学派各具独到的思想特色不同，名家思想的独特性（或排他性）不足。这一点，仅从当时参与辨物正名的著名思想家的学术背景，就分明可见。先秦讨论名学问题的著名思想家里，固然有邓析、惠施、尹文、公孙龙这些名家诸子①，同时也有孔子、老子、墨子、庄子、荀子、韩非子这些其他学派的思想巨擘——尤其墨、庄、荀，他们还是在名辩思潮中发挥极为重要作用的、不可忽视的人物。何以如此呢？主要是因为名家学派偏重探索的是思想方法和思维方式问题，而不以宣扬某种独特的社会人生思想主张为主要目的②。所以，名家所探讨的

---

① 古今学者对名家诸子的学派归属意见不一，如邓析、惠施、尹文，都有学者认为当归入法家。这个问题很复杂，本书由于体例所限，不便讨论。这里且依据《汉书·艺文志》的归类。

② 这样说，并不意味着名家诸子不谈论社会人生问题，而是仅就其主要内容和思想旨趣而言。

问题(内容)及其思想界域(边界),就不像儒、墨、道、法诸家那样特色鲜明而具有排他性。无论哪派思想家,只要他有兴趣,都可以参与"形名"问题的研讨。这就淡化了名家的"学派性",而在事实上成为了先秦知识界共同推动的一种文化思潮。

先秦名辩思潮概说

先秦名辩思潮所集中探讨、思辨的问题,大体包括两个方面:一是辨物正名的理论和方法;二是辩论、论说的理路和方法。不难看出,这两类问题本身是开放的,具有普适意义,不牵扯具体的政治主张或人生理想,所以会吸引很多各学派的思想家都来参加讨论。因此可以这样说,凡参与这两类问题讨论的先秦诸子,都是名辩思潮的推手;其中一些思想家偏重讨论这两类问题,而不以提倡别具一格的政治理念或社会人生思想见长,这些思想家就可以视为比较"纯正"的名家诸子了。

先秦时期究竟有哪些名家诸子呢?《汉书·艺文志》在其《诸子略》"名家类"中著录了七个人及其著作:

邓析二篇（郑人，与子产并时）

尹文子一篇（说齐宣王，先公孙龙）

公孙龙子十四篇（赵人）

成公生五篇（与黄公等同时）

惠子一篇（名施，与庄子并时）

黄公四篇（名疵，为秦博士）

毛公九篇（赵人，与公孙龙等并游平原君赵胜家）

这七人，邓析生活在春秋末年，惠施、尹文、公孙龙、毛公生活在战国中后期，而成公生、黄疵则是战国末的人了。这里著录的 36 篇名家著作，也已经散佚，今天只能看到残存的篇章和散见于其他文献中的相关片段。

关于名家的来源及其思想特征，《汉书·艺文志》说："名家者流，盖出于礼官。古者名位不同，礼亦异数。孔子曰：'必也正名乎！名不正则言不顺，言不顺则事不成。'此其所长也。及警（攻讦）者为之，则苟钩鏴（析破）析乱而已。"班固在这里仍是站在儒家立场来评说名家。他说名家"出于礼官"，礼官的职责是要确定"名位"与"礼数"相合相符，名家学派由此而生长出来。班固批评那些把名辩论题搞得碎裂杂乱并相互攻讦的人，说他们不是名家正统。

班固的评断我们暂且不论，但他指出名家的主要思想内涵是追求"名位"与"礼数"相符合，却是我们应该注意的。如果提炼概括一下，实际上就是探究"名"与"实（形）"①如何相符的问题，而这正是先秦名家及名辩思潮讨论的核心问题。

那么，在这个核心问题之中，名家诸子究竟探究了哪些

---

① 严格地说，"实"与"形"是不同的，"形"是人们感知到的物，而"实"是物的本体。在名家看来，人们所认知的物，都只是物之形；物的本体是不可能把握得到的。

具体论题呢？《庄子·天下篇》记录得最多也最集中：

> 惠施多方，其书五车，其道舛驳，其言也不中。历物之意，曰："至大无外谓之大一，至小无内谓之小一。无厚，不可积也，其大千里。天与地卑，山与泽平。日方中方睨，物方生方死。大同而与小同异，此之谓小同异；万物毕同毕异，此之谓大同异。南方无穷而有穷。今日适越而昔来。连环可解也。我知天下之中央，燕之北、越之南是也。泛爱万物，天地一体也。"
>
> 惠施以此为大，观于天下而晓辩者，天下之辩者相与乐之。卵有毛；鸡三足；郢有天下；犬可以为羊；马有卵；丁子（蛤蟆）有尾；火不热；山出口；轮不蹍地；目不见；指不至，至不绝；龟长于蛇；矩不方，规不可以为圆；凿不围枘；飞鸟之景未尝动也；镞矢之疾而有不行不止之时；狗非犬；黄马骊牛三；白狗黑；孤驹未尝有母；一尺之捶，日取其半，万世不竭。辩者以此与惠施相应，终身无穷。

第一段，记录了惠施自己提出的 10 个辩题。第二段，记录了与惠施同时的其他名家（"天下之辩者"）提出的 21 个辩题。这些辩题，乍看上去都远离现实人生经验，显得匪夷所思。然而，正是这些知其名或不知其名的名家辩者，或设计或参与了这些令人耳目一新的论辩，不仅在春秋战国时期打造了一场多学派诸子参与的思想盛筵，并且，通过他们的论辩和探究，客观上极大地提高了中华民族的思想能力，使之更加周密、深刻而富于逻辑性。

我们先来看《吕氏春秋·离谓》篇记载的一个故事，它与早期名家学者邓析有关：洧河发了大水，郑国有个富人的家人溺水死了，尸体被别人捡了去。富人想赎回尸体，却被索要很多钱。富人就来找邓析请求指点，邓析告诉富人：不要急，捡到尸体的人不可能把尸体卖给你以外的人。那个捡到尸体的人也来找邓析讨主意，邓析也告诉他：别急，富人不可能从别的地方买回亲人的尸体。这个故事的深刻寓意就在于，对于同样一个事实，却有两种截然相反而且都很合理的认识。之所以如此，是因为认识的立场和角度不同。

邓析是春秋末年郑国人，与郑子产同时。他的事迹，散见于《左传》《荀子》《列子》《吕氏春秋》《说苑》等典籍中。其中《列子·力命篇》说："邓析操两可之说，设无穷之词。"意思是说，邓析运用"两可"的思想方法，使他的辩说可以不被穷困，也就是他总有话说。自此，"两可"就成为概括邓析思维方式的词语。所谓"两可"，就像前面的故事一样，是指对同一个事物的认识，可以站在互相对立的两个角度或立场，来作出相互对立的两种判断。这种思想方法，无疑会开拓人们的思路，提升思辨能力，但同时，也容易失去认识问题的原则和立场，而陷入无谓的诡辩。所以，《荀子·非十二子》就批评名家："不法先王，不是（认可）礼义，而好治怪说，玩琦辞。甚察而不惠，辨而无用，多事而寡功，不可以为治纲纪。然而其持之有故，其言之成理，足以欺惑愚众，是惠施、邓析也。"荀子说，邓析、惠施他们的思想游戏，尽管分辨事物很细致，也能言之成理、言之有据，但是因为他们没有正确的立场（"先王"、"礼义"），这些怪说巧辩不能成为治国纲纪，毫无功用。

今存的《邓析子》残本，只有《无厚》《转辞》两篇文字，包含较多法家、道家之言，所以很多学者怀疑是伪书。我们认为，这两篇文字半真半假，比较杂乱，可能是后人纂集而成的。其中谈到"形名"之处，应该比较可信。《无厚》篇反复强调"循名责实",《转辞》篇更有这样的话：

> 循名责实，实之极也。按实定名，名之极也。参以
> 相平，转而相成，故得之形名。

"循名责实"、"按实定名"，也就是从名到实、从实到名反复参验考核，最终达成形名两得、形名相符。

邓析出谋划策处理溺水者的故事，形象地展示了他的"两可"思维方式；而他关于"循名责实"的论说，又揭示了名学思想的基本内涵和思想取向。因此，如果说春秋末年的邓析奠定了先秦名家思辨的思维基础（或基本思想方法）及其根本内涵，应该不是无稽之谈，这也正是我们先要在这里讲邓析故事的原因。

智慧盛筵:先秦名辩思潮诸辩题类解

前面说过,先秦名辩思潮集中探究两方面的问题,一是辨物正名的理论和方法,二是辩论和论说的理路和方法。本书只拟介绍前一方面,而不涉及后一方面。原因有二:第一,探讨论辩问题,以名家以外的其他诸子,尤其是墨子、荀子讲得最充分、最严密。本章以介绍名家诸子为目的,别家诸子暂不涉及。第二,也是受到本丛书体例、篇幅字数的限制。

名家诸子在辨物正名的思想活动中,提出了许多饶有趣味的名辩论题。上文列举了《庄子·天下篇》所记录的31个辩题。实际上,先秦名辩论题不止这些,在今天残存的名家诸子著作及其他文献里,还能看到另外一些极富智慧的论辩。像《公孙龙子》这样的名家著作自不待言,其他诸子著作中记录辩题较集中者,如《荀子·正名篇》记录了9题,《列子·仲尼篇》记录了7题,《墨子》书中也引述了多个辩题。当然,包括《庄子·天下篇》在内,各书所记录的辩题互有重叠。

先秦名家诸子设计这些论辩题目的旨趣,自然都可以归结为讨论"名"、"实(形)"关系,但名实(形)关系的讨论不是虚空无凭借的,总要落实在具体的内容或事项之上。下面,我们就以《天下篇》所载惠施的10个辩题和"天下之辩者"的21个辩题为例,根据其所论内容,分作五类,对名辩思潮辨物正名的思想方法,作一简要介绍。

一、"今日适越而昔来"：有关时间认知的辩题

惠施"历物之意"的 10 个辩题中，"日方中方睨，物方生方死"和"今日适越而昔来"，就是关乎时间认识的辩题。

"日方中方睨，物方生方死。"题目中的"方"字，《说文解字》的解释是："并船也。"段玉裁注："并船者，并两船为一。"所以，"方"强调的是两个事物的同步性——从空间的角度说，它是指"同一"（如二合一的"并船"）；从时间的角度说，它是强调"同时"。"睨"的意思，就是斜视，引申为偏斜。"日方中方睨，物方生方死"这两句话是说：太阳刚升到正中，同时就偏斜；万事万物刚诞生，同时就灭亡。也就是说，日中和日斜、生和死都是同时进行的，没有区别，不能截然分开。所以，按照惠施的意思，这两句话也可以说成"日方睨方中，物方死方生"。这个认识，与我们的日常观念很不相同。我们一般的认识是：尽管太阳一刻不停地运转，但是日中和日斜总是有区别的，或者说总有一个时间是日中，之后才是日斜；万物虽然都要经历从出生到死亡的过程，但是即使再短暂的生命，也总有一段时间是生，之后才是死亡。我们和惠施的区别在哪里呢？那就是他强调了事物变化的绝对性，所谓大化流转一刻不留，完全没有相对静止的时间。所以，说不清哪一刻是日中、日斜，哪一刻是生、死。这就得出日中、日斜同一，生、死没有分别的结论。而我们，则看到并重视了事物变化的相对性，因此认为日中与日斜、生和死是有区别的。不难看出，我们与惠施的认识差异，乃是由于立场和角度的不同。

后一个题目"今日适越而昔来"，就更可以考验我们的思维能力了。它的字面意思是说，今天到越地而昨天已经来到了。这怎么可能呢？从日常生活经验来看当然不可能，这只

是个认识问题。我们可以从两个角度去解释它:

第一种:胡适在《中国古代哲学史》中说:"'今日适越而昔来',即是《周髀算经》所说'东方日中,西方夜半;西方日中,东方夜半'的道理。我今天晚上到越,在四川西部的人便要说我'昨天'到越了。"①这是从时差的科学角度做出的解释。虽然合理,但赋予战国中期人惠施太多的"科学素养",不仅未必符合惠施原义,也因为太过科学而索然乏味。

第二种:惠施的本意可能是说,时间是永续流动的,难以在其中区隔出"今日"这样一个段落来,也就是说,没有相对静止的时间。你刚说"今日某时某刻",这个时刻已经成为过去的时间了。所以,你说"今天到了越地"之时,所谓"今天"已经成了"昨天(昔)",而成为"昔来"了。这是强调"今"与"昔"的相对性:今天所谓"昔",正是昨天所谓"今";今天所谓"今",明天就成为"昔"。依靠"相对"才能明确的东西,就不具备自身恒定的属性。因此,所谓"今""昔",都是不确定的,自然可以说"今日适越而昔来"。这样理解,可能更符合惠施本来的意思。

"今日适越而昔来"这个辩题,仍然可以归结为认识立场问题:惠施站在时间永续流转一刻不停这个更高更抽象的立场,常人则往往站在时间有相对静止性这个具体的立场,于是便产生了不同的认识结果。

《天下篇》所载其他名辩学者提出的 21 个辩题中,"镞矢之疾而有不行不止之时",也是这一类的时间认识问题。冯友兰解释说:"这个辩论,认识到运动就是一个物体于同一时间在一个地方又不在一个地方。就其在一个地方说,它是

---

① 胡适:《中国古代哲学史》,第八篇《别墨》,《胡适文集》第六卷,北京大学出版社,1998 年。下引胡适语均出于此篇,不再一一作注。

'不行';就其不在一个地方说,它是'不止'。"①这是把时间和空间结合起来解释。实际上,也可以仅以时间来解释:箭镞飞行的时间,可以细分为无数个时间点,这样,当箭镞处在任何一个具体的时间点时,就是既未飞行同时也未停止的状态。

总体来看,上述这些关于时间认识的辩题,都是基于"相对——两可"的思维方式,把甲乙两个看上去对立的方面,扭结在一起,再在某种特定条件下或站在甲方、乙方的立场去理解事物,就会得出相对并且相同的结论。

二、"天与地卑,山与泽平":有关空间认知的辩题

惠施的 10 个辩题中,"至大无外谓之大一,至小无内谓之小一","无厚,不可积也,其大千里","天与地卑,山与泽平","南方无穷而有穷","天下之中央,燕之北、越之南是也"这五个题目,关乎空间认识问题,我们一一来看。

"至大无外谓之大一,至小无内谓之小一。"所谓"无外",指没有什么东西在它的外边;"无内",指没有什么东西在它的里边。这两句话的意思是大到没有边际(无限大),叫做"大一";小到没有尽头(无限小),叫做"小一"。这是惠施对于空间的一种认识。他的"无限大"、"无限小"的概念,应该与我们今天基于科学认识所得出的结论不同,他是基于某种思想方式而得到的推论。哪种思想方式呢?惠施的好朋友庄周也曾说:"天下莫大于秋豪之末,而大山为小;莫寿于殇子,而彭祖为夭。天地与我并生,而万物与我为一。"(《庄

---

① 冯友兰:《中国哲学史新编》,第十五章《惠施、公孙龙及其他辩者,后期名家的发展》,《三松堂全集》第八册,河南人民出版社,2001 年。下引冯氏之说均出于此章,不再一一作注。

子·齐物论》)庄子的话,让我们明白所谓大小、寿夭,都是相对而言的。有比秋毫之末更小的东西,所以秋毫为大;有比泰山更大的东西,所以泰山为小。这种"相对"思维,是惠施那个时代人们普遍遵循的一种思想方法,也是惠施得出"无限大"、"无限小"的空间认识的思想方法。

"无厚,不可积也,其大千里。""厚",就是厚度;"无厚",是极言其薄。这个命题是说薄到不能再薄的东西,却占据有千里那么巨大的空间。许多学者都以几何学的体积、面积知识做解释,如冯友兰就说:"'无厚'就没有体积,但是有面积,其大可至千里。就其没有体积说,'无厚'不能说是大,一个'无厚'加上另一个'无厚',还是'无厚',犹如零加零还是零,但是就其面积说,其大可至千里。"陈鼓应也这样解释:"'无厚'即形容面至薄,薄到无可再累积于其上。由面而成体,则可扩展至于千里大。"①这一类解说,乃是基于近现代科学的阐释,并且有点迂曲(由体积转为面积),应该不是惠施的本意。实际上,这只是一个哲学意义的推论而已,未必能以事实去印证。

"天与地卑,山与泽平。"这个辩题,《荀子·不苟篇》记录为"山渊平,天地比",意思相同。这两句话字面的意思很明白,无非是说天和地、山和泽在空间位置上没有什么高低之分。但是它的道理何在?学者往往也是根据现代科学知识予以解说。如严灵峰说:"如果从近代物理学的观点来看,整个宇宙的空间中,高低和上下都是相对的。地球与太阳之均衡运动,原非日悬中天,地居天下。以几何学之定理言之,两点之间可连一直线,在山泽之间连一直线,则山泽自平了。

① 陈鼓应:《庄子今注今译·天下篇》,中华书局,1983 年。下引陈氏之说均出于此,不再一一作注。

这也是说明同异之相对性。"以近现代物理学和几何学来解释，固然可以理解辩题之义，但未必符合惠施之心。这里只是从哲学思辨的方面，以空间相对性为认识角度而提出一种推论的认识。

"南方无穷而有穷。"这个辩题的意思是，如果一直向南方行走，路程既有尽头，又没有尽头。这个辩题的提出，可能有当时地理知识的背景。胡适说："当时的学者，不但知道地是动的，并且知道地是圆的。如《周髀算经》说：'日运行处极北，北方日中，南方夜半。日在极东，东方日中，西方夜半。日在极南，南方日中，北方夜半。日在极西，西方日中，东方夜半。'这虽是说日动而地不动，但似含有地圆的道理。又如《大戴礼记·天员篇》辩'天圆地方'之说：'如诚天圆而地方，则是四角之不掩也。'这分明是说地是圆的。……因为地圆，所以南方可以说有穷，可以说无穷。南方无穷，是地的真形；南方有穷，是实际上的假定。"

"天下之中央，燕之北、越之南是也。"这个辩题，同样基于"地圆"的知识背景。燕在北地，越在南方。但因为大地是圆的，所以无论哪一个地点——是北国之北还是南国之南，任何一个具体的地点，都可以说是大地的中央。

惠施提出的这些关于空间认识的辩题，与上述时间辩题一样，也是运用"相对——两可"思维的结果。

《天下篇》所载其他辩者提出的辩题，属于此类的有：

"郢有天下。"郢是楚国的都城。这个辩题字面的意思是说，郢跟天下一样大。这是一个相对的问题：郢虽小，天下虽大，但是有比郢更小的地方，也有比天下更大的空间。郢跟比它更小的地方相比，简直大如天下；而天下跟无边无际的空间相比，就小到不足挂齿。因此，郢与天下的大小，是难以确定的，既然不能确定，就可以说郢跟天下一样大了。

"山出口。"对于这个辩题,古今学者大都语焉不详(如冯友兰解释为"山亦可为有口之物",而没有进一步申说),或避而不谈(如胡适)。大约人们把"口"字都理解为"嘴",才有像唐人成玄英《庄子疏》的"山名出自人口"、清人宣颖《南华经解》的"空谷传声"以及冯友兰的那样一类解释。陈鼓应称"本命题不知何解,姑从汪说",而后引汪奠基《中国逻辑思想史料分析》的解释:"山有要隘处,称山口或关口。……谓山有谷壑险夷的现象。"汪氏虽然没有说是人口,而解释为山有沟壑,比较高明了一些,但是这样一解释,这个辩题就没什么可辩的了。山有谷壑,这是鲜明的事实,无可争议,还辩什么呢?实际上,这个"口"字是指山有缺口。山本来是高耸凸起之象,而又有缺口有凹陷。这个辩题,是借山之象,把空间上的凹凸、高低统一起来。这样,所谓"山",到底是高起之物还是洼陷之物,就成了一个可辩的问题。从不同的角度看,山既可以是高凸物,同时也可以是低凹物。

"轮不蹍地。"这个辩题字面意思很清楚,但它的深意究竟是什么呢?冯友兰提供了两种解释:"轮之所蹍者,地之一小部分而已。蹍地的只是车轮与地相接触的那一小部分。地的一部分非地,轮的一部分非轮。也可以说,蹍地之轮,乃具体的轮;其所蹍之地,乃具体的地。至于轮之共相则不蹍地;地之共相亦不为轮所蹍。"冯氏前一个解释,是空间的局部和整体的问题。就车轮而言,蹍地的(与地接触的部分)始终只是整个车轮的一个点而已,即是车轮的一部分蹍地,而非整个车轮蹍地;就地而言,也是如此,与车轮接触的始终只是地的一个点,不是整个大地。车轮或大地的局部,并不等于它们的整体。因此,就不能说"轮蹍地"这样的话,也就是"轮不蹍地"。冯氏的后一个解释,涉及同和异的认识问题,这层意思,后面再说。

"龟长于蛇。"空间意义上的长短都是相对的,要看比较的具体对象。如果拿千年海龟跟初生小蛇相比,龟自然长于蛇,这是一层意思。另一层意思,那要看比较龟和蛇的什么性质,如果"因其所长而长之,则龟可长于蛇"(冯友兰语)。比如比较年寿,龟就会长于蛇。

"一尺之捶,日取其半,万世不竭。"这是个著名的辩题,意思是一尺长的手杖,每天都截去它的一半,总会有一半的一半留下,永远都没有完结。这个辩题是说有限、无限的问题:一尺长的手杖,是个长度有限的东西;但是它的长度却可以被无限分割下去。

三、"犬可以为羊":有关事物同异的辩题

惠施提出的辩题中,"大同而与小同异,此之谓小同异;万物毕同毕异,此之谓大同异"这个辩题,关乎对事物同和异的认识。

这里所说的"大同"、"小同",以及"小同异"、"大同异",是建立在"物类"知识的基础上的认识。所谓"大同",是指一类事物共同的性质(如生物的共同性质,是具有新陈代谢和遗传变异功能的生命体);所谓"小同",是指一类事物之内不同种属又各有自己的共同性质(如生物之内又有动物和植物这些种属,而动物和植物都各有自己共同的性质)。"小同异"是指大同和小同有差异(如生物的共同性质与动物的共同性质有差异),"大同异"则是指万物完全相同,也完全相异——这是把认识推向极端,从物类向上推论,万物都可归于同一类,有共同性质,这是"万物毕同";从种属向下推论,以至于每个个体,则万物各有自己的性质特点,这就是"万物毕异"。胡适解释这个命题说:"论一切同异都非绝对的。科学方法最重有无同异,一切科学的分类,都以同异为标

准。……但是这种区别，都不过是为实际上的便利起见，其实都不是绝对的区别。惠施说：'大同而与小同异，此之谓小同异。'例如松与柏是'大同'，松与蔷薇花是'小同'，这都是'小同异'。一切科学的分类，只是这种'小同异'。从哲学一方面看来，便是惠施所说的'万物毕同毕异'。怎么说'万物毕异'呢？原来万物各有一个'自相'，例如一个胎里生不出两个完全同样的弟兄；一棵树上生不出两朵完全一样的花；一朵花上找不出两个完全同样的花瓣；一个模子里铸不出两个完全同样的铜钱……这便是万物的'自相'。《墨辩》说：'二必异，二也。'这个'二性'便是'自相'。有自相，所以'万物毕异'。但是万物虽各有'自相'，却又都有一些'共相'。例如男女虽有别，却同是人；人与禽兽虽有别，却同是动物；动物与植物虽有别，却同是生物……这便是万物的'共相'。有共相，故万物可说'毕同'。毕同毕异，'此之谓大同异'。可见一切同异都不是绝对的区别。"

这个同异问题的理论阐释，枯燥乏味且不易理解，我们来看先秦名辩学者提出的具体辩题：

"犬可以为羊。"以常识看，这个辩题完全不能成立，狗怎么可能成为羊，怎么可能是羊呢？不能理解这个命题，是因为我们是从狗和羊的"具相"（种属或个体的性质特征）来作判断的。如果从二者的"共相"（物类的共同性质特征）看，它们都是"四只脚"的"动物"，这样它们就相同了。

"马有卵。"我们知道，马是胎生动物，而不是卵生。怎么能说"马有卵"呢？与上一辩题一样，常识性的理解都是只看到了胎生动物和卵生动物这样的"具相"。如果从"动物"这个大类来看，则无论胎生还是卵生，都属于动物，这便是它们的"共相"。以"共相"来看，胎生、卵生就相同了。

"丁子有尾。"这个辩题，跟上述两个意思相同。"丁子"

是楚地的方言，就是蛤蟆。蛤蟆有尾巴么？我们知道，蛤蟆是由蝌蚪蜕变而来，而蝌蚪是有尾巴的，所以蛤蟆也是有尾巴的。从"异"（具相）的方面看，蛤蟆、蝌蚪不是同样的东西；而从"同"（共相）的方面看，则蛤蟆、蝌蚪同出一源，实为同体。所以当然可以说"丁子有尾"。

"矩不方，规不可以为圆。"这个辩题的意思是，用求方的"矩"画出来的图形并不方，用求圆的"规"画出来的图形并不圆。进一步说就是，"矩"本身也并不方，"规"本身也并不圆。这是什么道理呢？冯友兰解释道："绝对的方，是方的共相；绝对的圆，是圆的共相。事实上的个体的方物或圆物，都不是绝对的方或圆。就个体的矩与规说，也不是绝对的方或圆。所以若与方及圆的共相比，也可以说'矩不方，规不可以为圆'。"这就是说，所谓"方"和"圆"，是一种在概念中存在的性质，是所有具体的"方"物和"圆"物的共相，而我们所见所用的"矩"和"规"及其所画出的"方"和"圆"，都是具体的事物。这些具体的"矩"、"规"和"方"、"圆"，都不是共相的"矩"、"规"和"方"、"圆"。所以说"矩不方，规不可以为圆"。

"凿不围枘。"有一个成语叫做"凿枘不合"，跟这个辩题意思相同。"凿"是在木头上开出的孔洞，"枘"是插入孔洞的木件。这是木工制作器物时常用的工艺，用以连接两个木件。只有凿枘严丝合缝，器物才会结实牢固。但事实上，凿枘难以做到严丝合缝，所以木工往往要用衬楔和胶去充实凿和枘之间的缝隙。凿枘不能完全吻合，就是"凿不围枘"。凿枘本应相合，但是总不能相合。这个辩题的意义在哪里呢？主要有两层意思，第一层是世界上没有两个完全可以相合的事物，强调了"万物毕异"；第二层如冯友兰所说："围枘的是事实上个体的凿；至于凿之共相，则不围枘。"也就是概念的、抽象的凿和枘，是不相围的。

名辩学者关于"同异"问题的讨论,对于我们清晰地认识世界、严密地思考问题,有着重要意义。

四、"白狗黑":有关认识立场的辩题

惠施提出的"连环可解"这个辩题,有一个相关的故事。《吕氏春秋·君守篇》记载:有个鲁国人送给宋元王两把闭合的门锁,元王招募国内能解此锁者。宋国辩士兒说的弟子应召前来,解开了其中一把,另一把没有打开,可他却说锁都打开了,并且说这叫做"以'不解'解之"。这个故事的意义在于,"解"与"不解"都是解。这就是个认识立场问题:如果站在"打开门锁"这个具体事件的立场,有一把锁他确实没有打开,这是"无解";但是如果站在一个抽象的"认识"的立场,那么他知道了一锁可打开而一锁打不开,这就是"解"。惠施之后还有一个故事,可以为这个辩题提供另一种理解。《战国策·齐策六》记载:秦始皇派使者送给齐国王后一副玉连环,说:"齐国人很聪明,能否解开这个玉连环呢?"齐国大臣都不知如何解开,齐王后拿起锤子把玉连环打碎,告诉秦使者:"连环已经解开了。"这个故事的意义是什么呢?冯友兰说:"连环是不可解的,但是当它毁坏的时候,自然就解了。事物自身的同一都包含有差别。连环存在的时候,也就是它开始毁坏的时候,也就是它开始解的时候。"

无论"无解就是解",还是"不解与解同时并存",都是一种有条件的、相对的认识。站在什么立场,就会有这个立场下的认知和判断。

《天下篇》所载其他辩者提出的辩题,属于这一类的较多。这些辩题看上去都与常识相去甚远,但是换一种立场来理解,就成为合理的判断了。我们一一来看:

"白狗黑。"对于这个辩题可有两种解释:第一种,唐人陆

德明《经典释文·庄子音义》引司马彪的话说:"白狗黑目,亦可为黑狗。"这是说,我们通常说白狗,那是就毛色而言的,如果以狗的其他部分来说,那就未必如此,比如从眼睛的颜色说,所谓"白狗"也可以说是"黑狗"。第二种,狗虽有白色、黑色的不同,但从其共相(共同性质特征)即"狗"和"颜色"这个层面来说,则无论白黑,都不过是"有颜色的狗"而已,并无不同,所以也可以说"白狗黑"。这两种解释,其实是相通的,从不同的角度去认知,同和不同就可以逆转。

"卵有毛。"鸟类动物都是卵生的,而鸟类都长有羽毛,所以卵本身就包含有演变为鸟类动物的基质和可能性。从这个意义上说,卵就是有毛的。

"鸡三足。"作为实物的鸡,当然只有两只脚。但我们说"鸡脚"之时,事实上就给实物的鸡又加上了一只概念的"脚"。实物的两只"鸡脚"加上概念的一只"鸡脚",这就是"鸡有三只脚"了。另一个辩题"黄马骊牛三",也是同样的意思。

"火不热。"对这一辩题冯友兰提出了两种解释:"可以从认识论及本体论两方面说。从本体论方面说,火之共相只是火,热之共相只是热,二者绝对非一。具体的火虽有热之性质,而火非即是热。若从认识论方面说,则可以说火之热乃由于人的感觉,热是主观的,在我而不在火。"

"目不见。"《墨子·经说下》说:"知以目见,而目以火见,而火不见。"《公孙龙子·坚白论》说:"白,以目、以火见。而火不见;则火与目不见,而神见。神不见,而见离。"他们的意思是说,我们要获得一个认知,需要多个条件。比如通过观看获得对某个事物的认知,那就不光要有眼睛,还需要借助"火"(光)和"神"(精神的认知能力)。如果只有眼睛,而不具备另外两个条件,那就不能得到认知。从这个意义上说,就是"目不见"。这是一种认识论意义的解释。冯友兰还从本体论角度做出解释:"就本体论方面说,则目之共相自是目,火之共相自是火,神之共相自是神,见之共相自是见。四者皆离,不能混之为一。"既然"目"、"火"、"神"、"见"四者互不相干,各为一物,不能混同合一,也就不能互相借助、互为条件,因此还是"目不见"。

"指不至,至不绝。"这个辩题,胡适解释得最为详明,他说:"《公孙龙子》的《指物篇》用了许多'指'字,仔细看来,似乎'指'都是说明物体的种种表德(表象特征),如形色等。……我们所以能知物,全靠形色、大小等'物指'。譬如白马,除了白色和马形,便无'白马'可知。……这条的'指'字,也作物的表德解。我们知物,只需知物的形色等表德,并不到物的本体,也并不用到物的本体。即使要想知物的本体,也是枉然,至多不过从这一层'物指'进到那一层'物指'罢了。例如我们知水,只是知水的性质。化学家更进一层,说水是氢氧二气做的,其实也只是知道氢气氧气的重量作用等物指。即使更进一层,到了氢气氧气的元子或电子,也只是知道元子电子的性质作用,终究不知元子电子的本体。这就是'指不至,至不绝'。正如算学上的无穷级数,再也不会完的。"简而言之,这个辩题是说我们认识到的,永远只是事物的表象和具相,而不是事物的本体(本相)。这也是一个认知立场的问题。我们通常只是纠结在具体实物之上,而不会追究它的共相和本体。当然,从名家的这个辩题来看,事物的本体是不能认知的。

"飞鸟之景(影)未尝动。"关于飞鸟和它的影子之间的关系,我们通常的认识,总是把天上的飞鸟和地上的影子紧密联系在一起,所以认为影随鸟动。其实,鸟是鸟,影是影,两者互不相干。鸟虽动,影子未必动,这是一种理解。还可以有另一种理解：鸟在飞行时，时时处处都在动，同时也是时时处处都在停止；鸟的影子亦是如此。如果把飞动的鸟和停止的影子联系起来看，岂非鸟动而影不动？

上述这类辩题告诉我们，对一个事物的认识，可以有多个不同的视角。站在不同的立场，就会得出不同的认识。

五、"白马非马"：有关名实的辩题

《天下篇》所载"天下辩者"提出的 21 个辩题中，"狗非犬"，"孤驹未尝有母"这两个命题，关乎事物的称谓问题。

"狗非犬。"《尔雅·释畜》说："犬未成毫曰狗。"犬是狗的通称；狗是小犬，只是犬的一部分。所以，"狗"和"犬"两者不能等同。所以《墨子·经下篇》说"杀狗非杀犬也"。这是个大小概念不能等同的问题。

"孤驹未尝有母。""孤驹"，就是失去父母的小马。既称之为"孤"，自然就没有"母"；如果其母健在，它就不是"孤驹"。这个辩题的意义是，严格界定一个概念的精确内涵，使它与相近的概念（如"幼驹"、"白驹"、"公驹"、"母驹"等）区分开来。

名家此类辩题中最负盛名的，当然是"白马非马"。首先提出这个辩题的，是春秋时期宋国的著名辩者儿说。《韩非子·外储说左上》记载了他的一个故事："儿说，宋人，善辩者也。持'白马非马也'服齐稷下之辩者，乘白马而过关，则顾（读为酬，付钱的意思）马之赋。"《韩非子》这个故事讲得不够完整，但是我们可以了解它的梗概：儿说骑着一匹白马经过关卡，按照规定，骑马过关应该交税，儿说就辩称"白马"不是"马"，因此免税过了关。儿说是怎么具体辩说的，已经不清楚了。使这个辩题声名远扬的，是战国后期的公孙龙子。他的《白马论》，详细辨析了这个辩题。这段文字不算太长，不

妨把它完整抄录在这里：

　　"白马非马，可乎？"曰："可。"曰："何哉？"曰："'马'者，所以命形也；'白'者，所以命色也。命色形，非命形也。故曰白马非马。"

　　曰："有白马，不可谓无马也。不可谓无马者，非马也？有白马为有马，白之非马，何也？"曰："求'马'，黄、黑马皆可致；求'白马'，黄、黑马不可致。使'白马'乃'马'也，是所求一也。所求一者，'白'者不异'马'也。所求不异，如黄、黑马有可有不可，何也？可与不可，其相非，明。故黄、黑马一也，而（读为乃）可以应有马，而不可以应有白马。是白马之非马，审矣。"

　　曰："以马之有色为非马，天下非有无色之马也，天下无马，可乎？"曰："马固有色，故有'白马'。使马无色，如有马而已耳，安取'白马'？故'白'者非'马'也。'白马'者，'马'与'白'也、'白'与'马'也。故曰白马非马也。"

　　曰："'马'未与'白'为'马'，'白'未与'马'为'白'。合'白'与'马'，复名'白马'。是相与以不相与为名，未可。故曰白马非马，未可。"曰："以有'白马'为有'马'，谓有马为有黄马，可乎？"曰："未可。"曰："以有马为异有黄马，是异黄马于马也。异黄马于马，是以黄马为非马。以黄马为非马，而以白马为有马，此飞者入池，而棺椁异处，此天下之悖言乱辞也。"

　　曰："有白马不可谓无马者，离'白'之谓也。不离者，有白马不可谓有马也。故所以为（同谓）有马者，独以'马'为有马耳，非以'白马'为有马。故其为（同谓）'有马'也，不可以谓'马马'也。"

曰：“‘白’者不定所白，忘之而可也。‘白马’者言
‘白’，定所白也。定所白者，非白也。‘马’者无去取于
色，故黄、黑马皆所以应。‘白马’者有去取于色，黄、黑
马皆以所色去，故唯白马独可以应耳。无去者，非有去
也。故曰白马非马。”

这段文字，可分为以上六小段。第一段，说明“白马非
马”的基本理由。“马”这个字是称呼马之“形”，“白”这个字
是称呼马之“色”，“白马”合起来是称呼马的形和色。而马的
形色，既不是马的本体，也不是“马”这种动物的类名。所以，
“白马”不是“马”。这一段，是本篇论辩的总纲，以下分别从
不同角度予以阐明。第二段说，假如要找一匹“马”，则“黄
马”、“黑马”都可以入选；假如要找一匹“白马”，则“黄马”、
“黑马”就都不能入选。这就说明“白马”不等于“马”。第三
段，进一步说明“白马”这个名称是由“白”和“马”两部分（形、
色两个性质）构成，而这两个部分地位平等，既可说是“白
马”，也可说是“马白”。所以，“白马”与“马”是不同的。第四
段，从辩题的反面去申论，假如“白马”等于“马”，也就是说，
认为有“白马”就等于有了“马”，那么，能不能反过来说成有
了“马”就等于有“白马”呢？显然是不行的。如果是一对相
等的概念，则由此及彼、由彼到此都应该能够成立。现在“白
马”与“马”不能往复对等，当然“白马”就不等于“马”了。第
五段，是“离白”之论，把“白马”这个概念分离为“白”和“马”
来论证。说有白马就等于有马，那是只看到“白马”当中“马”
这个部分，而剥离了“白”这个部分。如果不剥离“白”，就只
能说有白马不等于有马。第六段，再从马的颜色入手分析，
如果说“白马”，则“白”色就是它的重要属性，不能忽略；如果
只说“马”，就没有颜色这个属性，则“黄马”、“黑马”都是马。

这也说明了"白马非马"。

公孙龙子这一篇《白马论》，简而言之，是个概念内涵的广狭问题，也就是概念的大小问题。"马"是个类概念，是高一层级的概念；"白马"是一个种属的概念，是低一层级的概念。"马"包含了"白马"，"白马"属于"马"，但二者的内涵外延并不完全等同。

原典选读

公孙龙子·指物论

（据《公孙龙子形名发微》，谭戒甫撰，中华书局 1963 年版）

物莫非指，而指非指。天下无指，物无可以谓物；非指者，天下无物，可谓指乎？

指也者，天下之所无也；物也者，天下之所有也。以天下之所有为天下之所无，未可。

天下无指，而物不可谓指也。不可谓指者，非指也。非指者，物莫非指也。天下无指而物不可谓指者，非有非指也。非有非指者，物莫非指也。物莫非指者，而指非指也。

天下无指者，生于物之各有名，不为指也。不为指而谓之指，是兼不为指。以"有不为指"之"无不为指"，未可。

且指者，天下之所兼。天下无指者，物不可谓无指也。不可谓无指者，非有非指也。非有非指者，物莫非指。

指，非非指也。指与物，非指也。

使天下无物指，谁径谓非指？天下无物，谁径谓指？天下有指无物指，谁径谓非指？径谓无物非指。且夫指固自为非指，奚待于物而乃与为指？

公孙龙子·坚白论

（据《公孙龙子形名发微》，谭戒甫撰，中华书局 1963 年版）

"坚、白、石，三，可乎？"曰："不可。"曰："二，可乎？"曰："可。"曰："何哉？"曰："无坚得白，其举也二；无白得坚，其举也二。"曰:"得其所白,不可谓无白;得其所坚,不可谓无坚;而之石也之于然也,非三也?"曰:"视不得其所坚而得其所白者,无坚也;拊不得其所白而得其所坚者,无白也。"

曰:"天下无白,不可以视石;天下无坚,不可以循石。坚、白、石不相外,藏三可乎?"曰:"有自藏也,非藏而藏也。"曰:"其白也,其坚也,而石必得以相盈。其自藏奈何?"曰:"得其白,得其坚,见与不见离。不见离,一。一不相盈,故离。离也者,藏也。"

曰:"石之白,石之坚,见与不见,二与三,若广修而相盈也。其非举乎?"曰:"物白焉,不定其所白;物坚焉,不定其所坚。不定者兼,恶乎其石也?"曰:"循石,非彼无石。非石,无所取乎白。石不相离者,固乎然其无已。"曰:"石,一也;坚、白,二也;而在于石。故有知焉,有不知焉;有见焉,有不见焉。故知与不知相与离,见与不见相与藏。藏故,孰谓之不离?"

曰:"目不能坚,手不能白。不可谓无坚,不可谓无白。其异任也,其无以代也。坚、白域于石,恶乎离?"曰:"坚未与石为坚,而物兼未与为坚。而坚必坚,其不坚石物而坚。天下未有若坚,而坚藏。白固不能自白,恶能白石物乎?若白者必白,则不白石物而白焉。黄、黑与之然。石其无有,恶取坚、白乎?故离也。离也者因是。"

"力与知,果不若'因是'。且犹白——以目,以火见,而火不见;则火与目不见,而神见。神不见,而见离。坚——以手,而手以捶;是捶与手知。而不知,而神与不知。神乎?是之谓'离'焉。离也者天下,故独而正。"

墨子·小取篇(节选)

(据《墨子间诂》,[清]孙诒让撰,中华书局 2001 年版)

夫物,或乃是而然,或是而不然,或一周而一不周,或一是而一非也,不可常用也。故言多方,殊类异故,则不可偏观也。非也。

白马,马也;乘白马,乘马也。骊马,马也;乘骊马,乘马也。获,人也;爱获,爱人也。臧,人也;爱臧,爱人也。此乃是而然者也。

获之亲,人也;获事其亲,非事人也。其弟,美人也;爱弟,非爱美人也。车,木也;乘车,非乘木也。船,木也;乘船,非乘木也。盗人,人也;多盗,非多人也;无盗,非无人也。奚以明之? 恶多盗,非恶多人也;欲无盗,非欲无人也。世相与共是之。若若是,则虽盗,人也;爱盗非爱人也,不爱盗非不爱人也,杀盗非杀人也。无难矣,此与彼同类。世有彼而不自非也,墨者有此而非之,无也故焉,所谓内胶外闭,与心毋空乎,内胶而不解也。此乃是而不然者也。

夫且读书,非读书也;好读书,好书也。且斗鸡,非鸡也;好斗鸡,好鸡也。且入井,非入井也;止且入井,止入井也。且出门,非出门也;止且出门,止出门也。若若是,且夭,非夭也;寿,非夭也;有命,非命也;非执有命,非命也。无难矣,此与彼同类。世有彼而不自非也,墨者有此而众非之,无也故焉,所谓内胶外闭,与心毋空乎,内胶而不解也。此乃不是而不然者也。

爱人,待周爱人,而后为爱人。不爱人,不待周不爱人;不失周爱,因为不爱人矣。乘马,不待周乘马,然后为乘马也;有乘于马,因为乘马矣。逮至不乘马,待周不乘马,而后为不乘马。此一周而一不周者也。

居于国，则为居国；有一宅于国，而不为有国。桃之实，桃也；棘之实，非棘也。问人之病，问人也；恶人之病，非恶人也。人之鬼，非人也；兄之鬼，兄也。祭人之鬼，非祭人也；祭兄之鬼，乃祭兄也。之马之目眇，则谓之马眇；之马之目大，而不谓之马大。之牛之毛黄，则谓之牛黄；之牛之毛众，而不谓之牛众。一马，马也；二马，马也。马四足者，一马而四足也，非两马而四足也。马或白者，二马而或白也，非一马而或白。此乃一是而一非者也。

荀子·正名篇（节选）

（据《荀子集解》，[清]王先谦撰，中华书局1988年版）

王者之制名，名定而实辨，道行而志通，则慎率民而一焉。故析辞擅作名以乱正名，使民疑惑，人多辨讼，则谓之大奸，其罪犹为符节、度量之罪也。故其民莫敢托为奇辞以乱正名。故其民悫，悫则易使，易使则功。其民莫敢托为奇辞以乱正名，故一于道法而谨于循令矣。如是，则其迹长矣。迹长功成，治之极也，是谨于守名约之功也。今圣王没，名守慢，奇辞起，名实乱，是非之形不明，则虽守法之吏，诵数之儒，亦皆乱也。若有王者起，必将有循于旧名，有作于新名。然则所为有名，与所缘以同异，与制名之枢要，不可不察也。

异形离心交喻，异物名实玄纽，贵贱不明，同异不别，如是，则志必有不喻之患，而事必有困废之祸。故知者为之分别，制名以指实，上以明贵贱，下以辨同异。贵贱明，同异别，如是，则志无不喻之患，事无困废之祸。此所为有名也。

然则何缘而以同异？曰：缘天官。凡同类、同情者，其天官之意物也同,故比方之疑似而通,是所以共其约名以相期也。形体、色、理,以目异;声音清浊、调节奇声,以耳异;甘、苦、咸、淡、辛、酸、奇味,以口异;香、臭、芬、郁、腥、臊、漏、庮、奇臭,以鼻异;疾、养、沧、热、滑、铋、轻、重,以形体异;说、故、喜、怒、哀、乐、爱、恶、欲,以心异。心有征知。征知,则缘耳而知声可也,缘目而知形可也,然而征知必将待天官之当簿其类然后可也。五官簿之而不知,心征之而无说,则人莫不然谓之不知,此所缘而以同异也。

然后随而命之:同则同之,异则异之;单足以喻则单,单不足以喻则兼;单与兼无所相避则共,虽共,不为害矣。知异实者之异名也,故使异实者莫不异名也,不可乱也,犹使同实者莫不同名也。故万物虽众,有时而欲遍举之,故谓之"物";"物"也者,大共名也。推而共之,共则有共,至于无共然后止。有时而欲遍举之,故谓之"鸟兽";"鸟兽"也者,大别名也。推而别之,别则有别,至于无别然后止。名无固宜,约之以命,约定俗成谓之宜,异于约则谓之不宜。名无固实,约之以命实,约定俗成谓之实名。名有固善,径易而不拂,谓之善名。物有同状而异所者,有异状而同所者,可别也。状同而为异所者,虽可合,谓之二实。状变而实无别而为异者,谓之化。有化而无别,谓之一实。此事之所以稽实定数也,此制名之枢要也。后王之成名,不可不察也。

⋯⋯

今圣王没,天下乱,奸言起,君子无埶以临之,无刑以禁之,故辨说也。实不喻然后命,命不喻然后期,期不喻然后说,说不喻然后辨。故期、命、辨、说也者,用之大文也,而王业之始也。名闻而实喻,名之用也。累而成文,名之丽也。用、丽俱得,谓之知名。名也者,所以期累实也。辞也者,兼异实之名以谕一意也。辨说也者,不异实名以喻动静之道也。期、命也者,辨、说之用也。辨说也者,心之象道也。心也者,道之工宰也。道也者,治之经理也。心合于道,说合于心,辞合于说。正名而期,质请而喻。辨异而不过,推类而不悖。听则合文,辨则尽故。以正道而辨奸,犹引绳以持曲直,是故邪说不能乱,百家无所窜。有兼听之明,而无奋矜之容;有兼覆之厚,而无伐德之色。说行则天下正,说不行则白道而冥躬,是圣人之辨说也。

敬顺阴阳四时五行的阴阳家思想

　　"九流十家"中的阴阳家,今天已经不大
能够被明晰地认识了。主要原因有两个:一
是先秦阴阳家的著作早已全部散佚,今天已
经看不到他们自己完整的思想表述,所以很
难详备了解他们的思想;二是与阴阳家思想
相关的知识背景也难于了解。若以《汉书·
艺文志》为参照,则阴阳家的思想,与《兵书
略》中的"兵阴阳"类,与《术数略》中的"天文"、
"历谱"、"五行"、"蓍龟"、"杂占"、"形法"类,与
《方技略》中的"医经"、"经方"、"房中"类等,都
有密切关系,有时甚至难以截然区分①。而
《术数略》等所包含的知识,非常奥妙而且庞
杂,它们作为阴阳思想的知识背景(或者是阴
阳思想在不同领域的实际应用),本身已经驳
杂难明,再加上这些著作基本上也都亡佚了
(只有个别著作如《山海经》《黄帝内经》等或

---

① 　吕思勉《辨梁任公〈阴阳五行说之来历〉》有云:"《汉志·数术略》诸家,盖与
《诸子略》之阴阳家本无区别。所以析为二略者,以校书者之异其人;抑言数术者在
《数术略》,据数术以言哲理者在《诸子略》也。"文载《古史辨》第五册,上海古籍出版
社,1982 年。

存或残），就更无从弄清它们的本来面目。正鉴于此，很多中国思想史、哲学史一类著作，都没有阴阳家的位置。

不过，先秦时期阴阳家曾经十分活跃。仅以《汉书·艺文志·诸子略》来看，它所著录的先秦时期的阴阳家就有 14 家，著作 273 篇①。此外，《诸子略》还著录有"杂阴阳三十八篇"，当是刘向校理群书时，纂辑不知作者的阴阳学说杂著，其中也当有先秦时期的文字。如果再加上上述《兵书略》《术数略》《方技略》中与阴阳家关系密切（甚或就是阴阳家）的学者及其著作，其数量就很是惊人了②。可惜的是，这些文献基本上都散佚了。以至于到了唐代初年，史臣作《隋书·经籍志》时，竟取消了"阴阳家"这个门类，说明那时阴阳家的著作已经丢失殆尽。因此，我们今天想要了解先秦阴阳家的思想状况，只能从其他文献典籍中去搜检相关史料③。本书便是依据先秦两汉时期零散的相关史料，对先秦阴阳家思想作一概要的介绍。

---

① 即：宋司星子韦三篇，公梼生终始十四篇，公孙发二十二篇，邹子四十九篇，邹子终始五十六篇，乘（当作桑）丘子五篇，杜文公五篇，黄帝泰素二十篇，南公三十一篇，容成子十四篇，邹奭子十二篇，闾丘子十三篇，冯促十三篇，将钜子五篇，周伯十一篇。

② 梁启超《阴阳五行说之来历》一文（载《古史辨》第五册，上海古籍出版社 1982 年版），曾统计《诸子略》阴阳家、《兵书略》阴阳家和《数术略》五行家三类的数量，说："即以此三门论，为书一千三百余篇，对于《艺文志》总数万三千二百六十九卷，已占十分之一而强。其实细绎全《志》目录，揣度其与此等书同性质者，恐占四分之一乃至三分之一。"这些著作当然包括了西汉人的作品，但大多数都是先秦时期的。

③ 梁启超《〈汉书·艺文志·诸子略〉考释》说："(阴阳家)其书久已全佚，学说可考者，惟邹衍《终始五德》之说见于《史记·孟荀传》，及《项羽本纪》引南公一语、《吕览·制乐篇》记宋司星子韦一事耳。"由于梁启超信经不信传，怀疑《左传》、《国语》等书的可靠性，所以才会有这样的论断。实际上，散见于诸书的先秦阴阳家的思想史料不止梁氏所说的这些，详见下文所引。又，清人马国翰《玉函山房辑佚书》据诸书辑录有《宋司星子韦书》一卷、《邹子》一卷，亦可参看。

先秦阴阳家概说

先秦阴阳家一派的思想特征,究竟是怎样的呢? 既然他们的著作已经几乎不存,我们只好参照汉代学者的述评,来作一个概括的了解了[①]。先看《汉书·艺文志》的说法:

> 阴阳家者流,盖出于羲、和之官。敬顺昊天,历象日月星辰,敬授民时,此其所长也。及拘者为之,则牵于禁忌,泥于小数,舍人事而任鬼神。

班固说阴阳家出于"羲、和之官"。"羲、和"是什么官职

呢?《尚书·尧典》记载,帝尧允恭克让,德行光被四表,实现九族亲睦、万邦协和之后,"乃命羲、和,钦若昊天,历象日月星辰,敬授人时"。西汉中期的学者孔安国解释说:"重、黎之后羲氏、和氏,世掌天地四时之官。故尧命之,使敬顺昊天。……日月所会,历象其分节,敬记天时以授人也。"东汉末年的学者郑玄进一步明确说:"高辛氏(即帝喾)之世,命重为南正,司天;黎为火正,司地。尧育重、黎之后羲氏、和氏之子贤者,使掌旧职天地之官。"按照他们的说法,设置羲、和之官的时代很早,是在帝尧的时候。而在更早的帝喾之时,羲氏、和氏的祖先重、黎,就被任命为"南正"和"火正",分管天、地之事。"羲、和之官"(以及更早的"南正"、"火正")的职责是:遵循天地四时之序,督责政令、人事不可违背天地四时的节气,以保障万物自然生长。《尧典》接着又说,帝尧在羲、和之下,再设羲仲、羲叔、和仲、和叔四个官职,分别掌管东、南、西、北四方,其职责仍然是敬顺天地四时运行秩序以行事、治民。

阴阳家学派既然出自"羲和",他们的主要思想也就是依顺天地四时自然秩序以行人事。班固揭示阴阳家思想核心的话——"敬顺昊天,历象日月星辰,敬授民时",就直接抄自《尚书·尧典》,说明阴阳家的思想与"羲和之官"的职事、思想精神是相同的。因此,他强调了阴阳家顺天地以治民,尤其是顺天地四时以行农事("敬授民时")的思想内涵。而"拘者为之,则牵于禁忌,泥于小数"云云,则是班固批评阴阳家中误入歧途的人,说他们不是阴阳家的正统。

我们从班固的述评中,大体可以了解阴阳家思想的主要精神内涵。实际上,班固的这个评断,乃是来自西汉初年的司马谈。司马谈著有《论六家要指》一文,其中评论阴阳家的部分,这样写道:"尝窃观阴阳之术,大祥而众忌讳,使人拘而多所畏;然其序四时之大顺,不可失也。……夫阴阳四时、八位、十二度、二十四节各有教令,顺之者昌,逆之者不死则亡,未必然也,故曰使人拘而多畏;夫春生、夏长、秋收、冬藏,此天道之大经也,弗顺则无以为天下纲纪,故曰四时之大顺不可失也。"所谓"大祥而众忌讳",意思是看重吉凶的征兆(指以天地四时的自然现象为某种人事的预兆)而有很多的忌讳。所以,阴阳家思想就使人感到受拘束而多所畏惧。所谓"八位",是指八卦之位。所谓"十二度",是指"十二次",上古的人们把周天自西向东划分为十二个区域,并依次命名为降娄、大梁、实沈、鹑首、鹑火、鹑尾、寿星、大火、析木、星纪、玄枵、娵訾,用来观测天象运行,以对应各种人事①。司马谈的这个评述,既指出了阴阳家思想的特点——"序四时之大顺,不可失",也就是人的活动必须依四时节气而动;同时也指出了它的缺陷所在——"阴阳四时、八位、十二度、二十四节各有教令,顺之者昌,逆之者不死则亡,未必然也",如果畏忌太过,还会令人行事畏首畏尾放不开手脚。他认为,阴阳家思想的大纲领大思路(顺天行事)是正确的,但是如果搞得太琐碎、太绝对,那就是缺陷了。

　　两相比照不难看出,班固对阴阳家的评断,正是继承了司马谈的基本看法。

　　从今天可见的相关史料判断,司马谈、班固对阴阳家思想优劣的论析,既是对阴阳学派思想的静态的分析批评,也是对先秦不同时期阴阳家的动态的批评,换言之,可以看作先秦阴阳家思想发展的前后两个阶段,这从班固"……及……"的叙述语气里,其实已经可以体会。前期的阴阳家,只是主张"敬顺昊天,历象日月星辰,敬授民时",其思想重点

---

　　①　江晓原:《天学真原》,辽宁教育出版社,1991年。

是强调人事活动(主要是农事、政事)应当遵顺天地四时的节气；而后期的阴阳家，则丰富发展了它的思想内涵，融会"五行"思想，把阴阳五行观念广泛应用到社会生活的许多领域，就导致"牵于禁忌，泥于小数，舍人事而任鬼神"的情况出现了。张舜徽在《〈汉书·艺文志〉通释》中就指出："古有羲和之官，命以四时之事，令不失其序。故《尚书·尧典》曰：'钦若昊天，历象日月星辰，敬授人时。'民以农事为重也。《孟子》称'无违农时'，亦特顺天道之大经而已。至于人之行事，有禁有宜，必择时日而后可动，此乃后世阴阳家傅会五行生克之理，私定吉凶。"

先秦的阴阳观念

梁启超于 1923 年撰写《阴阳五行说之来历》一文[①]，全面梳理他认为可信的先秦文献，得出结论说："春秋战国以前所谓'阴阳'、所谓'五行'，其语甚希见，其义极平淡。且此二事从未尝并为一谈。诸经及孔、老、墨、孟、荀、韩诸大哲，皆未尝齿及。然则造此邪说以惑世诬民者谁耶？其始盖起于燕、齐方士；而其建设之、传播之并宜负罪责者三人焉：曰邹衍，曰董仲舒，曰刘向。"之后，刘节于 1927 年撰写《〈洪范〉疏证》[②]，论证《尚书·洪范》是战国末、秦统一前写成的。这就把《洪范》所谈的"五行"思想推至战国末年。顾颉刚于 1930 年撰写了《五德终始说下的政治和历史》[③]，认为"五行说起于战国的后期，邹衍是始创五行说的人"。这三位学者都名冠学界，他们的论断一出，尽管当时就引起许多争议，但是阴阳五行学说起源于战国后期的观念，一时似乎已成定论，影响至今不绝。

"古史辨派"学者的基本学术理念是"疑古"，而其基本的治学路径是"大胆假设，小心求证"。这就客观上导致了此派学术勇于怀疑和观点武断的风貌。他们对先秦阴阳五行学说的研究，就是极为典型的例子。以梁启超的文章为例，他

---

① 梁启超：《阴阳五行说之来历》，《古史辨》第五册，上海古籍出版社，1982 年。本章下引梁启超所说均出自此文，不再一一作注。

② 刘节：《〈洪范〉疏证》，《古史辨》第五册，上海古籍出版社，1982 年。

③ 顾颉刚：《五德终始说下的政治和历史》，《古史辨》第五册，上海古籍出版社，1982 年。本章下引顾颉刚所说均出自此文，不再一一作注。

站在今人的思想立场，认为阴阳五行学说是"惑世诬民的邪说"（上古人未必这样看，否则阴阳五行思想怎会兴盛），于是就断定它是搞怪虚诞的"燕齐方士"所为。为了论证这个看法，甚至不惜怀疑、摒弃于己不利的史料（比如《左传》《国语》《尚书·洪范》等），势必否弃不掉的史料，便直接指斥其荒诞不经而无视其存在（如《吕氏春秋·十二纪》《礼记·月令》）。而对于他信任的经籍史料，也往往做一些武断的解释（如说"商、周以前所谓'阴阳'者，不过自然界中一种粗浅微末之现象，绝不含有何等深邃之意义"等论断）。吕思勉《辨梁任公〈阴阳五行说之来历〉》一文，从史料鉴定及使用、思想方法到观点认识，对梁启超的文章提出全面批评，论证扎实，理据充分，见识精准，足可说明梁氏之说不能成立。"古史辨派"其他学者如顾颉刚、刘节等人的文章，也都存在相似的立场、方法和观点的问题，他们的看法其实都远非定论。

我们之所以不惜笔墨，首先在这里引介这些枯燥的论辩，是因为梁、顾等人的学术影响太大，直到今天还有许多学者根据他们的说法，认定先秦阴阳五行思想起源于战国后期稷下学宫的邹衍、邹奭等人。只有拨开迷雾，才能见到真相。

下面，我们就以一些具体实例，来感知先秦时期阴阳观念的实际存在状况。

殷商周初的甲骨文、金文中有一些符号，如𤔔𤔧，跟通常的文字不同，郭沫若猜测可能是氏族的族徽[1]；唐兰则认为这都是文字，并说"这种文字是用数目字当做字母来组成的"，其"最大特点是用数目字构成"[2]。张政烺在此基础上，把殷商

---

[1] 郭沫若：《两周金文辞大系图录考释》，《郭沫若全集·考古编》第八卷，科学出版社，2002年。

[2] 唐兰：《在甲骨金文中所见的一种已经遗失的中国古代文字》，《考古学报》1957年第2期。

周初甲骨金文中 32 条刻铸有这类符号的材料汇集在一起，发现每个符号都是由六个或三个数字组成。如果把这些数字"按照奇数是阳爻、偶数是阴爻的原则"换写成易卦，大多都可以跟《易经》的卦象对应起来①。这个结论得到普遍认可。殷商周初此类甲骨金文的存在，可以证明殷商至周初时期，人们已经有了像《易经》所包含的那样的阴阳观念，这并不是什么当时人们所见的"自然界中一种粗浅微末之现象"，而确实具有"深邃之意义"了。

说到《易经》，我们知道，它的六十四卦象都是由阳爻和阴爻两种符号组合而成，这阴阳爻画就是《易》卦的根本。各卦所表示的意义，都在这阴阳爻画的组合之中——无论其象数意义，还是其义理意义。这就是《易系辞》所谓"一阴一阳之谓道"。梁启超却说："最奇者，《易经》一书，庄子所谓'《易》以道阴阳'者，《卦辞》《爻辞》中仅有《中孚》九二（按此爻辞为"鹤鸣在阴，其子和之"）之一条单举一个'阴'字。"他用《易经》卦爻辞

中有多少"阴"字"阳"字，来判断当时人们有无阴阳观念，而完全无视《易》卦爻画本身所包含的阴阳基本观念，如此论断，道理显然是不充分的。

何况，先秦典籍中，足以代表当时人们阴阳观念的具体

---

① 张政烺：《试释周初青铜器铭文中的易卦》，《考古学报》1980 年第 4 期。

材料不在少数。我们随意找一些来看：

《国语·周语上》记载，西周宣王即位（前827年），没有举行藉田礼。虢文公就劝谏他说：

夫民之大事在农。上帝之粢盛于是乎出，民之蕃庶于是乎生，事之共给于是乎在，和协辑睦于是乎兴，财用蕃殖于是乎始，敦庬纯固于是乎成。是故稷为天官。古者，大史顺时覛（视）土，阳瘅愤盈，土气震发，农祥晨正，日月底于天庙，土乃脉发。先时九日，大史告稷曰："自今至于初吉，阳气俱蒸，土膏其动。弗震弗渝，脉其满眚，谷乃不殖。"稷以告王曰："史帅阳官以命我司事，曰：'距今九日，土其俱动。王其祗祓，监农不易。'"王乃使司徒咸戒公卿、百吏、庶民，司空除坛于藉，命农大夫咸戒农用。……稷则遍戒百姓，纪农协功，曰："阴阳分布，震雷出滞。"土不备垦，辟（罪）在司寇。……

这段话是说，理国治民最大的事是农业生产。所以立春之时，阳气开始充盈，土气随之复阳转暖，天子要举行藉田之礼，即天子率群臣到藉田（国家公田）亲耕，以顺应时令节气的变化，推动农业生产。否则，一年都不会有好的收成。所谓"阳瘅愤盈"、"阳气俱蒸"，所谓"阴阳分布，震雷出滞"，意思都是说春天到来，阳盛阴衰，阳气充盈欲散，正是万物生长的时候。天子行藉田礼，就是顺应节气迁变的象征。而所谓"弗震弗渝，脉其满眚，谷乃不殖"，是说如果不顺应春阳蒸发，输泻阳气，阳气就会郁滞成灾，农作物不得生长。这里所谓"阴阳"，虽是指物质性的"气"，但是与农事丰歉紧密联系起来，进而与天子藉田礼联系起来，恐怕就有了深层的意义，绝非"粗浅微末"的认识了。

《国语》中记载西周、春秋时期"阴阳"观念的材料颇多，我们再举几例。如《周语上》记载，西周幽王二年（前780年），发生了地震。大臣伯阳父说："周将亡矣。夫天地之气，不失其序；若过其序，民乱之也。阳伏而不能出，阴迫而不能烝，于是有地震。"他解释地震的成因，是由于阴气压制了阳气，阳气不得正常蒸发所致。紧接着伯阳父又说：地震会造成河川淤塞，断绝水源，土地不得灌溉，没有了收成，国家就要灭亡了。这里所说的"阴阳"，仍是指物质性的"气"，但是把阴阳失衡与国家存亡联系起来了。又如《周语下》记载，周景王想在无射钟之外，再铸造一口大林钟，大臣伶州鸠劝谏他不要这样做，他说道："铸之金，磨之石，系之丝木，越之匏竹，节之鼓，而行之以遂八风。于是乎气无滞阴，亦无散阳。阴阳序次，风雨时至，嘉生繁祉，人民和利。物备而乐成，上下不罢（读为疲），故曰乐正。"钟是一种乐器，古人认为钟鼓之乐与天气时令有密切联系，这是古人很玄妙的知识，且不管它；我们注意的是，伶州鸠说如果乐器搭配适当，就可以八风顺遂，阴阳和洽，风雨协和，万物顺成。这里的"阴阳"观念，也是跟农作物丰歉、人事好坏紧密相连的。再如《越语下》中，范蠡更以阴阳观念对越王勾践谈兵事："天道皇皇，日月以为常。明者以为法，微者则是行。阳至（极）而阴，阴至（极）而阳。日困而还，月盈而匡（亏）。古之善用兵者，因天地之常，与之俱行。后则用阴，先则用阳。近则用柔，远则用刚。……刚强以御，阳节不尽，不死其野。……尽其阳节，盈吾阴节而夺之。"这是说，用兵打仗要善于运用阴阳天道，顺天而行。如果是被动应战，就要用阴道；如果是主动出击，就要用阳道。比如敌人来攻，势头正猛之时（"阳节不尽"），就应以阴节应对，固守不战，等到敌方盛势衰退而成为强弩之末时，再去消灭它。显然，范蠡是把阴阳观念与用兵打仗融汇起来了。

以上是《国语》所载的阴阳观念概况。我们再来看《左传》的例子。

《左传·僖公十六年》记载，这一年（前 644 年）的春天，有五块陨石陨落在宋国，又有六只鹢鸟因为风太大，倒退着飞过宋国的都城。这时，周王朝的内史叔兴来访问宋国，宋襄公就问他："是何祥也？吉凶焉在？"叔兴回答说：今年鲁国有大丧事，明年齐国有内乱。之后他告诉别人："君失问。是阴阳之事，非吉凶所生也。"意思是说，宋襄公问的不对。天降陨石和鹢鸟退飞，是阴阳之气变动所致，跟人事吉凶没有关系。他虽然这样说，但是第一，他说两件异象是阴阳失衡所致，说明他有着纯熟的阴阳观念；第二，他还是对宋襄公讲，两件异象是鲁国、齐国将有丧乱的预兆。并且，他这样平淡自然地说给别人听，说明阴阳观念是当时人们共有的知识，一听就懂。

再如《襄公二十八年》记载，这一年（前 545 年）春天，该结冰却没有结冰。大臣梓慎说："今兹宋、郑其饥乎！岁在星纪，而淫于玄枵。以有时灾，阴不堪阳。蛇乘龙。龙，宋、郑之星也。宋、郑必饥。"意思是说，今年宋国、郑国要挨饿了，因为这一年岁星（木星）应当在"十二次"的"星纪"这个位置，可它实际却在"玄枵"这个位置，这样必然会有灾害。该结冰却没有结冰，是由于阳气太盛，阴阳失调。岁星（青龙之象）出于玄枵（蛇之象）之下，是蛇在龙之上；而岁星（龙象）是宋、郑二国的星宿分野，所以梓慎说"宋、郑必饥"。这段话背后有先秦人天文历法的知识背景，不必去纠缠，我们只需注意，梓慎把不结冰这个现象解释为"阴不堪阳"，进而推测"有时灾"。《左传》还记载了梓慎的其他几件事，如《昭公二十一年》说，这一年（前 521 年）秋七月的一天，出现了日食。鲁昭公就问梓慎祸福如何,梓慎先介绍日食的成因是月遮蔽了日,接着讲日食所以为灾,是"阳不克也,故常为水"。就是阳不胜阴,阳为火阴为水,所以日食常伴随着水灾。又如《昭公二十四年》记载,这一年(前 518 年)又出现了日食,梓慎便预言将有水灾发生。从梓慎的这些述说和判断中,不难看出,春秋时期人们关于阴阳的思想观念,是相当系统而成熟的。

以上是阴阳观念用于社会政治生活的例证,我们再来看一个把阴阳观念运用于人体的例子。《左传·昭公元年》记载,晋国国君生病了,请来秦国一位名叫医和的医生,为他诊治。医和指出晋君生病是因为太过贪恋女色,因而给他讲述其中的原理:

> 君子之近琴瑟,以仪节也,非以慆心也。天有六气,降生五味(指辛酸咸苦甘),发为五色(指白青黑赤黄),征为五声(指宫商角徵羽)。淫生六疾。六气曰阴、阳、风、雨、晦、明也,分为四时,序为五节(指五味、五色、五声都要调和),过则为灾:阴淫寒疾,阳淫热疾,风淫末疾,雨淫腹疾,晦淫惑疾,明淫心疾。女,阳物而晦时,淫则生内热惑蛊之疾。

这段话的基本意思是:君子行男女之事,要有礼义节制,不可纵欲,否则就会生病。什么道理呢? 天有阴、阳、风、雨、晦、明这六气,本是自然协调的;六气生成了五味、五色、五声,人们享用它,也要做到均衡调和,才能保持身体健康。人如果贪用其中某个因素太过了,就会生相应的病,即"淫生六疾"。这里虽说有阴、阳、风、雨、晦、明六气,实则后四者都可纳入"阴阳"之中(风、明为阳,雨、晦为阴)。医和的核心意思是人之所以会生病,是由于体内阴阳二气失调所致。

医和所说的"病理知识"，在《黄帝内经》中有非常详尽的阐述。其《阴阳应象大论》篇就说："阴阳者，天地之道也，万物之纲纪，变化之父母，生杀之本始，神明之府也。……故积阳为天，积阴为地。阴静阳躁，阳生阴长，阳杀阴藏。阳化气，阴成形。寒极生热，热极生寒。寒气生浊，热气生清。清气在下，则生飧泄；浊气在上，则生䐜胀。此阴阳反作，病之逆从也。"这是说，生病的根本缘由，便是人体内阴阳失调。

先秦诸子，谈论阴阳思想观念也很深刻。如《老子》四十二章就说："万物负阴而抱阳，冲气以为和。"这是说，万物生长都要靠阴阳二气；阴阳交互，形成均衡调和的状态，万物才能生育养长。这是从生命的根本来讲说阴阳思想观念的。再如《荀子·天论》说："列星随旋，日月递照，四时代御，阴阳大化，风雨博施，万物各得其和以生，各得其养以成，不见其事而见其功，夫是之谓神。"这是说，日月、四时、阴阳、风雨，使万物生长、成熟。《天论》又说："星坠木鸣，国人皆恐。曰：是何也？曰：无何也。是天地之变，阴阳之化，物之罕至者也。怪之可也，畏之非也。"这段话的意思是，像陨石、树鸣这种怪异之事，并不可怕，只是天地、阴阳的变化导致的。从荀子的叙述中，可以看出他对阴阳思想观念的娴熟。再如《管子》，虽未必真是管仲的著作，但是它成书于战国，学界已经达成共识。因此，《管子》表述的思想属于先秦时期，这是没有问题的。该书中专有《四时》一篇，说："阴阳者，天地之大理也。四时者，阴阳之大径也。"专谈阴阳、四时与政治如何配合，以实现社会和谐的问题。

本节列举先秦文献中表述的阴阳思想观念，已经可以充分证明，至晚从殷商时期开始，直到战国末期，阴阳思想观念一直被人们述说着，先秦人对这个观念耳熟能详。梁启超等人所谓阴阳观念起始于战国末的说法是完全错误的。

先秦的五行观念

　　梁启超《阴阳五行说之来历》一文,举出《尚书》《墨子》《荀子》《左传》中有"五行"二字的几则材料,或说只是五类物质,没有"丝毫哲学的或术数的意味"(如说《尚书》),或强作其他解释(如对《墨子》),或直斥材料本身不可信(如对《左传》),继而说:"五行说之极怪诞而有组织者,始见于《吕氏春秋》之十二览(按'览'当是'纪'之误)。其后《小戴礼记》(指《月令》)《淮南子》又采之。"之后就是直斥《吕览》《月令》等"诡异"、不科学了。顾颉刚《五德终始说下的政治和历史》一文,则具体断定"五行说起于战国的后期,邹衍是始创五行说的人"。

　　梁、顾之说完全不符合史实。我们先从《尚书》说起:

　　《尚书》的《甘誓》和《洪范》两篇,都出现了"五行"。《甘誓》原文是:

　　　　大战于甘,乃召六卿,王曰:"嗟!六事之人,予誓告汝:有扈氏威侮五行,怠弃三正,天用剿绝其命,今予惟恭行天之罚。"

　　这是禹(一说夏启)讨伐有扈氏之时的誓辞。其中的"五行",汉代以来的学者大多解释为金、木、水、火、土。而刘起釪《释〈尚书·甘誓〉的"五行"与"三正"》一文,则依据《史记·天官书赞》"天有五星,地有五行"之说,详细梳理了"五行"从"五星"(指太白、岁星、辰星、荧惑、填(镇)星,后称为金、木、水、火、土)到"五材"(指金、木、水、火、土五种物质)的含义演变,认为《甘誓》里的"五行"是指五星,与后来的"五材"说不同。这个解释可以讲得通。不过,我们再看《洪范》里的"五行",这里是指五种物质就没有争议了:

> 五行:一曰水,二曰火,三曰木,四曰金,五曰土。水曰润下,火曰炎上,木曰曲直,金曰从革,土爰稼穑。润下作咸,炎上作苦,曲直作酸,从革作辛,稼穑作甘。

《洪范》篇是殷商遗臣箕子为周武王讲述的治国大道,即所谓"洪范九畴"。它的第一条便是讲水、火、木、金、土这"五行"。根据其具体阐释,这"五行"毫无疑问是指五种物质,此其一。其二,它还指出了水、火、木、金、土各自的性质和味道,这就不单单是提出"五行"这五种生活资料,同时还赋予了它更多的社会意义,这一思想趋向,无疑为后世阴阳五行学说提供了启发。

《尚书》而外,先秦其他史料中也多有"五行"观念的记载。

《国语·周语下》记录了单襄公的一段话:"天六地五,数之常也。经之以天,纬之以地。经纬不爽,文之象也。文王质文,故天祚之以天下。""天六地五"是什么意思?韦昭注说:"天有六气,谓阴、阳、风、雨、晦、明也。地有五行,金、木、水、火、土也。"单襄公是说,以天之六气为经,以地之五行为纬,交互协调,没有差错,治国就能有成。这是阴阳五行治国说。

《国语·鲁语上》记载,有一只名叫"爰居"的海鸟,落在鲁国都城东门外,三天都没离开。鲁国大臣臧文仲以此为神灵,就让人去祭祀它。展禽说:臧文仲太迂腐无知了!祭祀了不该祭祀的东西。"及天之三辰,民所以瞻仰也;及地之五行,所以生殖也。及九州名山川泽,所以出财用也。非是,不在祀典。"意思是,只有三辰、五行、名山川泽才是应该祭祀的对象。众所周知,"三辰"指日、月、星;那么"五行"指什么呢?韦昭注说:"五行,五祀,金、木、水、火、土。"这是祭祀五行之说。

《国语·郑语》记载,史伯给郑桓公讲"和而不同"的道理说:"夫和实生物,同则不继。以它平它谓之和,故能丰长而物生之。若以同裨同,尽乃弃矣。故先王以土与金、木、水、火杂,以成百物。"意思是说,只有和而不同,万物才能生机盎然,所以先王杂用五行以成就万物。

《国语》中的"五行"观念,概如上述。《左传》中关于"五行"的材料就更多了,含义也更加丰富。

首先是"五材"观念。《左传·文公七年》记载晋国大臣郤缺的话:"六府、三事,谓之九功。水、火、金、木、土、谷,谓之六府;正德、利用、厚生,谓之三事。"这里把"谷"与水、火、金、木、土并列,称为"六府",说明那时(文公七年即公元前620年)五行(五材)的观念还不是十分明确,但已经充分认识到了"五材"。

几十年后,"五材"观念就非常明确了。如《襄公二十七年》(前546年)记载,子罕给宋国国君讲诸侯国之间的战争不可避免,小国只能以德治国的道理。其中说道:"天生五材,民并用之。废一不可,谁能去兵?"这话的意思是,"五材"是上天赐给所有人的,大家都可以取用。"五材"中哪一种都不可能废弃,所以兵器也就消灭不了,战争也就难以避免。"五材"是什么呢?杜预注说:"金、木、水、火、土也。"杨伯峻在《春秋左传注》中解释道:"兵器用金与木,铸造时用水火,且必载于土地,取于土地。"与此含义相同的例子还有很多,我们只举鲁昭公时期（前 541 年—前 510 年）的几个。《昭公十一年》叔向语：“天其有五材，而将用之。”《昭公二十五年》子产语：“天地之经而民实则之，则天之明，因地之性，生其六气，用其五行，气为五味，发为五色，章为五声。”《昭公三十二年》史墨语：“天有三辰，地有五行。”这些话语中的“五材”、“五行”，都是指金、木、水、火、土五类物质。从当时人们谈吐自如的语态，不难看出，“五行”观念已是那时普遍熟知的知识。

其次，《左传》中有些讲说“五材”、“五行”的史料，还有更丰富的内涵。例如《昭公九年》记载，这一年（前 533 年）的夏四月，陈国发生了火灾。郑国大夫裨灶预言：五年之后陈国将重新受封，受封五十二年后将亡国。子产询问其中的缘由，裨灶回答说：

> 陈，水属也。火，水妃（读为配，下文同）也，而楚所相（主管）也。今火（指星宿）出而火陈，逐楚而建陈也。妃以五成，故曰五年。岁五及鹑火，而后陈卒亡，楚克有之，天之道也，故曰五十二年。

这段话的意思是，陈国是颛顼之后，所以国运属水。而火，是水的匹配，是楚国主管的（楚国先祖祝融在帝喾时任火正，主治火事）。现在大火星出现而陈国发生了火灾，这是把火运给了陈国，是驱逐楚国、重建陈国的预兆。五行用“五”来相配，所以说五年。岁星过五年到达鹑火，然后（岁星再运行四周即四十八年之后）陈国灭亡，让楚国占有它，这是上天之道，所以说五十二年。这里面有上古复杂的天文历法知识及推算方法，我们且不去管它，只要了解这个事实：裨灶说陈国为水运，楚国为火运，并以此结合天文运行和火灾的情形，来推断陈国、楚国未来的国运。这里面已经含有五行生克的观念了。

再如《昭公二十九年》记载，这一年（前513年）的秋天，晋国国都郊外有龙出现。晋君就跟大臣蔡墨说：我听说龙是虫类中最聪明的，因为它不能被人活捉。蔡墨说：不是这样的。上古有豢龙氏、御龙氏，都是养龙的。到了夏代，御龙氏的刘累给夏后养龙。那时有一条雌龙死了，刘累把龙肉做成肉酱给夏后吃。后来夏后还要吃这个美味，刘累因为找不到龙肉，就丢官跑掉了。蔡墨接着说：万事万物，都有管理它的官吏。官员能够恪尽职守，所管辖的生物才会来到。否则，生物就会潜伏起来，抑郁不能成长。接下来他就说：

> 故有五行之官，是谓五官，实列受氏姓，封为上公，祀为贵神。社稷五祀，是尊是奉。木正曰句芒，火正曰祝融，金正曰蓐收，水正曰玄冥，土正曰后土。龙，水物也，水官弃矣，故龙不生得。

这段话意思是：因此就设置了"五行之官"，让他们世代继承姓氏，封爵为上公，祭祀时奉为贵神，对他们尊敬崇奉。这木、火、金、水、土"五官"，分别叫做句芒、祝融、蓐收、玄冥、后土。龙是水生动物，水官没有了（刘累跑掉了），所以龙就不能被活捉了。

蔡墨讲这个典故，目的是想让晋君好好使用官吏治国。我们关注的则是他把自然物质含义的"五行"，跟"五官"管理"五方"（木为东方、火为南方、金为西方、水为北方、土为中央）紧密结合起来了。那么，"五行"的意义就不限于五种物质了。

又如《哀公九年》记载，这一年（前486年）秋天，宋公攻

207

打郑国,晋国打算出兵救助。晋君赵鞅在出兵援救郑国之前,先做了占卜,得到的卦象是水流向火(水胜火之象)。他便向史龟、史墨询问卦象的吉凶。史龟说:卦象显示阳气下沉(火为阳,遇水则下沉),可以发兵(兵是阴类,与水相合。水胜火,所以利于兴兵)。只不过,利于攻打姜氏(齐国姓姜,是宋的盟国),不利于攻打子商(即宋国。宋国为殷商后裔,姓子)。所以可以攻打齐国,和宋国作战就不吉利了。史墨也说:盈,是水的名称;子,是水的方位。名称、方位相当,不可侵犯(晋赵鞅姓盈,宋国姓子,都与水相关。同类不可互犯,所以晋不可攻宋)。炎帝是火师,姜姓齐国是他的后代。卦象显示水胜火,所以可以发兵去攻打齐国。

所谓"国之大事,在祀与戎"(《左传·成公十三年》),祭祀和战争是最大的国事。而晋国君臣在决定如何参战救郑的时候,依据的是水火相克的思想观念。尽管还没有完整的五行生克的述说,但是可以看出,五行生克的观念在这里已经被娴熟运用了。

关于五行相胜的思想观念,《墨子》里也有记述。除了其《明鬼下》篇引述《尚书·甘誓》那段文字外,还有:

五行毋(无)常胜,说在宜。(《经下》)

子墨子北之齐,遇日者。日者曰:"帝以今日杀黑龙于北方,而先生之色黑,不可以北。"子墨子不听,遂北至淄水,不遂而反焉。日者曰:"我谓先生不可以北。"子墨子曰:"南之人不得北,北之人不得南,其色有黑者,有白者,何故皆不遂也?且帝以甲乙杀青龙于东方,以丙丁杀赤龙于南方,以庚辛杀白龙于西方,以壬癸杀黑龙于北方,以戊己杀黄龙于中方。若用子之言,则是禁天下之行者也,是围(读作违)心而虚天下也,子之言不可用

也。"(《贵义》)

墨子不相信五行必然相胜之说,认为五行是否相胜,在于如何运用。《贵义》篇讲的这个故事,其思想精神是一致的,如果相信五行五方的吉凶之日,那么天下人就不能出行了。不过,不管墨子如何看待五行相胜,我们注意的是,墨子思想的背后,是人们习知的五行生克观念。这说明,在墨子的时代,五行生克思想已经流行了。"五行毋(无)常胜"这个说法,也见于《孙子·虚实篇》,可以说明它是春秋战国之际关于五行的另一种通行认识。

至于五行与四时相配,生发出一系列天人合一的政治思想,这在战国晚期的《吕氏春秋·十二纪》中记述非常详尽,这里不能一一细说。但要指出的是,《吕览》之前,《管子》的《四时》篇、《五行》篇,就已经把这个思想讲述得很完整了。

本节极为简略地勾勒了先秦时期"五行"观念的流行及其含义演进状况,可以证明春秋战国时期确有"五行"观念的存在,并且有一个由朴素(指五种物质)向复杂(五行与五方、五色等相配;五行生克观念)发展演进的过程。

阴阳与五行观念的合流

前面分别介绍了先秦时期阴阳观念和五行观念的流行情况。实际上，与此同时，阴阳和五行观念就已经开始合流了。胡厚宣《释殷代求年于四方和四方风的祭祀》这篇近四万字的长文，详细考述甲骨文里的四方和四方风观念，发现四方和四方风在殷商人眼里都是神灵，殷商人常常祭祀四方和四方风以祈雨求年。并且，通过与《山海经》《尚书·尧典》等记载的四方和四方风比照分析，他得出了这样的结论：

> 在甲骨文里，只说"某方曰某，风曰某"，把方名和风名当做一种神灵。到《山海经》，则把方名看成是一种神而加以人格化。将四方的神人，予以分工，东方、南方的神人管着风的出入，西方、北方的神人管着日月的长短。到《尧典》，则由《山海经》的"司日月长短"的神人，演化成了主日月之神的羲和之官。四宅四方，都以日的动态为名，并特别祭祀日的出入。在甲骨文，仅有以四方与四时相连属的观念和萌芽。到《尧典》，则明白地以春夏秋冬四时配合了四方，并以初昏星象，推定四时四仲的季节。后来演变到《吕氏春秋·十二纪》《礼记·月令》《淮南子·时则》等，则由十二节逐渐完成了二十四节气。又于四方四时之外，另加中央为五方，以与五行相配合。到《管子·四时》，则于五行之外，又加上阴阳，才构成了在四时五方中阴阳五行的全部体系。

　　阴阳、五行观念混合在一起形成一种思想体系,是一个漫长而复杂的过程。其中的具体问题太多,很难简单说明,胡厚宣的研究结论也未必全都准确。但是他的研究至少可以说明,这一融合的历史进程从殷商时代就已经开始了(把四方和四方风联系起来),一直延续发展,直到战国后期发展成熟。

　　阴阳、五行观念合流所形成的思想体系极为庞杂,几乎涉及天、地、人的所有领域。根据需要,阴阳、五行可以与各种自然的、社会生活的事项相匹配,用以解释、论说某种思想理念。这种搭配,愈到后来愈为丰富。为了清晰起见,我们把出现在先秦文献中的匹配,列表于下:

名　称	匹　配				
五行	木	火	土	金	水
五性	曲直	炎上	稼穑	从革	润下
五味	酸	苦	甘	辛	咸
五臭	羶	焦	香	腥	朽
五方	东	南	中	西	北
五季	春	夏	季夏	秋	冬
五色	青	赤	黄	白	黑
五音	角	徵	宫	商	羽
五星	岁星	荧惑	填(镇)星	太白	辰星
五神	句芒	祝融	后土	蓐收	玄冥
五帝	太皞	炎帝	黄帝	少皞	颛顼
五祀	户	灶	中霤	门	井
五谷	麦	黍	稷	麻	菽
五牲	鸡	羊	牛	犬	豕

续表

名　　称	匹　　配				
五虫	鳞	羽	倮	毛	介
五常	仁	礼	信	义	智
五伦	父子	兄弟	朋友	君臣	夫妇
五兵	矛	戟	剑	戈	镞
五脏	肝	心	脾	肺	肾

表中所列这些匹配,分别出自《尚书·尧典》《吕氏春秋·十二纪》《礼记·月令》等典籍,包括了与天、地、神、人相关的许多方面。我们由此可以约略感知阴阳五行学说的庞杂。

阴阳五行思想中对后世影响最大的,莫过于"五行生克"的学说,它也被具体表述为"五行相胜(克)"和"五行相生"两种说法,前者是从新旧更替而言,后者从前后相生立说,其内在道理则是一致的。

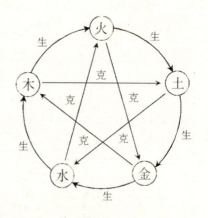

"五行生克"的思想究竟起源于何时? 由于史料不足,今天可能很难准确说清楚。《吕氏春秋·应同》有一段话,完整地记述了"五行相胜"的思想:

　　凡帝王者之将兴也,天必先见祥乎下民。黄帝之时,天先见大螾大蝼,黄帝曰"土气胜";土气胜,故其色尚黄,其事则土。及禹之时,天先见草木秋冬不杀,禹曰

"木气胜";木气胜,故其色尚青,其事则木。及汤之时,天先见金刃生于水,汤曰"金气胜";金气胜,故其色尚白,其事则金。及文王之时,天先见火,赤乌衔丹书集于周社,文王曰"火气胜";火气胜,故其色尚赤,其事则火。代火者必将水,天且先见水气胜;水气胜,故其色尚黑,其事则水。水气至而不知,数备,将徙于土。

这段话被视为二邹学说的记录。它所讲的具体内容未必是事实,但是完整记述了五行相胜的基本模式:木胜土,土胜水,水胜火,火胜金,金胜木。

这一思想如此完善成熟,必然经历了漫长的发展时期。日本学者井上聪的《先秦阴阳五行·五行篇》①,通过对商周墓葬以及商城遗址中有关"狗"因素的研究,结合甲骨文中有关"犬"、"蛊"的卜辞,广征博引多种文献以及中外民俗的资料,进行了详实细致的分析,得出如下结论:

> 起源于商的"杀狗巫术"和"埋狗御蛊",经周秦汉一直传沿到唐。这个习俗大约有两种途径:一是商代腰坑②的埋狗,即地下巫术;另一个是卜辞中所见的"宁风"巫术,即地上巫术。……关于地上巫术中杀狗的宁风习俗,还可以分成两种类型:其一是"相克型",即杀狗以达到克杀恶风的目的,这是运用了金(狗)克木(风)的五行原理;其二是"金气克杀型",即杀狗抑制金气而扶助木气的五行原理。

---

① 井上聪:《先秦阴阳五行》,湖北教育出版社,1997 年。下引井上聪所说均出自此文,不再一一作注。

② 腰坑,就是墓穴中尸骨腰部下方的大坑洞。商周时期墓葬中常有这种腰坑。

　　这说明，事物之间彼此"相克"的观念，早在殷商时期就已经出现了。同时，商周时期的"相克"思想，已经隐含着部分的五行相克因素。

　　至于"五行相生"，就是把"胜（克）"改为"生"，形成另一种表述的模式：木生火，火生土，土生金，金生水，水生木。

　　战国后期稷下学者邹衍、邹奭发挥的"五德终始"思想，就是在这样的思想背景和基础上展开的。《史记·封禅书》说："自齐威、宣之时，邹子之徒论著终始五德之运。及秦帝，而齐人奏之，故始皇采用之。"又说："邹衍以阴阳主运，显于诸侯。"二邹在稷下学宫先后传扬这个思想，邹衍被称作"谈天衍"，邹奭被号为"雕龙奭"，风靡一时。那么，他们的"五德终始"学说究竟是怎样的呢？由于《汉书·艺文志》著录的"《邹子》四十九篇"、"邹子《终始》五十六篇"、"《邹奭子》十二篇"全部散佚，今天只能借助其他文献来略窥其基本面貌。根据《史记·孟子荀卿列传》的记载，邹衍的学术思想主要有两个：一是"五德转移"说，二是"九州"说。此外，司马迁还说邹衍写了《主运》篇。

　　关于"五德转移"之说，在《文选》李善注中有所存留：

　　　　邹子有终始五德，从所不胜。土德后，木德继之，金德次之，火德次之，水德次之。

　　　　邹子有终始五德，言土德不胜，木德继之，金德次之，火德次之，水德次之。

　　　　邹子曰：五德从所不胜。虞土，夏木，殷金，周火。

　　这三条记述，都是以"五行相克"思想来解说王朝转移的。周寿昌《汉书注校补》说："其书（指邹子《终始》五十六篇）著五德终始之运。如氏（如淳）注'今其书有《五德终始》，

214

五德各以所胜为行。秦谓周为火德，灭火者水，故自谓之水德'云云。是此书故名《五德终始》也。"

关于"九州"之说，《史记》之外，西汉桓宽《盐铁论·论邹篇》，东汉王充《论衡》的《谈天》《难岁》《对作》等篇也有记述。那么，邹衍的"九州"说，与其阴阳五行学说是什么关系呢？由于史料极端缺乏，今天很难详细了解了。井上聪对此有一个推论，可备一说："赤县神州的方位，也可能基于《周易》中所见的方位观。根据《易》的记录，西北位相当于全阴（☷），东南位相当于全阳（☰）。在《易》的阴阳思想中，由阴与阳的融合、交替而产生万物，因而天与阴、地与阳被两两地配合着。西北在天（乾为天），与阳相配，东南在地（坤为地），与阴相配。这是作为万物生长条件的阴与阳在产生交替变化以前的状态。这样，根据《易》的原理，构成了西北—天、东南—地这一关系，这种方位观在春秋时代已经存在。……邹衍被视为阴阳家之祖，因为他通过观察日月天地运转之道，而确立了阴阳学说，故而又被称为'谈天衍'。考虑到这一点，邹衍在某种形式上是吸收了强烈地表现阴阳思想的《周易》的精髓。"

至于邹衍所著《主运》篇，裴骃《集解》引如淳说："今其书有《五德终始》，五德各以所胜为行。"又说："今其书有《主运》，五行相次转用事，随方面为服。"《史记·封禅书》中也说："邹衍以阴阳主运，显于诸侯。"两相参酌，可知其《主运》篇表述的，也是《五德终始》一类思想观念。

原典选读

尚书·洪范（节选）

（据《尚书今古文注疏》，[清]孙星衍撰，中华书局 1986 年版）

惟十有三祀，王访于箕子。王乃言曰："呜呼，箕子！惟天阴骘下民，相协厥居，我不知其彝伦攸叙。"

箕子乃言曰："我闻在昔，鲧陻洪水，汩陈其五行，帝乃震怒，不畀洪范九畴、彝伦攸斁。鲧则殛死，禹乃嗣兴。天乃锡禹洪范九畴、彝伦攸叙。"

"初一曰五行，次二曰敬用五事，次三曰农用八政，次四曰协用五纪，次五曰建用皇极，次六曰乂用三德，次七曰明用稽疑，次八曰念用庶征，次九曰向用五福，威用六极。"

"一，五行：一曰水，二曰火，三曰木，四曰金，五曰土。水曰润下，火曰炎上，木曰曲直，金曰从革，土爰稼穑。润下作咸，炎上作苦，曲直作酸，从革作辛，稼穑作甘。"

易·系辞上（节选）

（据《周易集解纂疏》，[清]李道平撰，中华书局 1994 年版）

一阴一阳之谓道。继之者善也，成之者性也。仁者见之谓之仁，知者见之谓之知，百姓日用而不知，故君子之道鲜矣。显诸仁，藏诸用，鼓万物而不与圣人同忧，盛德大业至矣哉！富有之谓大业，日新之谓盛德，生生之谓易，成象之谓乾，效法之谓坤，极数知来之谓占，通变之谓事，阴阳不测之谓神。

夫《易》，广矣大矣！以言乎远则不御，以言乎迩则静而正，以言乎天地之间则备矣。夫乾，其静也专，其动也直，是以大生焉。夫坤，其静也翕，其动也辟，是以广生焉。广大配天地，变通配四时，阴阳之义配日月，易简之善配至德。

······

《易》有太极，是生两仪，两仪生四象，四象生八卦。八卦定吉凶，吉凶生大业。是故法象莫大乎天地，变通莫大乎四时，县象著明莫大乎日月，崇高莫大乎富贵。备物致用，立成器以为天下利，莫大乎圣人。探赜索隐，钩深致远，以定天下之吉凶，成天下之亹亹者，莫善乎蓍龟。是故天生神物，圣人则之。天地变化，圣人效之。天垂象，见吉凶，圣人象之。河出《图》，洛出《书》，圣人则之。《易》有四象，所以示也。系辞焉，所以告也。定之以吉凶，所以断也。

管子·四时

（据《管子校注》，黎翔凤撰，中华书局 2004 年版）

管子曰：令有时，无时则必视顺天之所以来。五漫漫，六惛惛，孰知之哉！唯圣人知四时。不知四时，乃失国之基。不知五谷之故，国家乃路。故天曰信明，地曰信圣，四时曰正。其王信明圣，其臣乃正。何以知其王之信明、信圣也？曰：慎使能，而善听信之。使能之谓明，听信之谓圣。信明圣者，皆受天赏，使不能为惛。惛而忘也者，皆受天祸。是故上见成事而贵功，则民事接，劳而不谋。上见功而贱，则为人下者直，为人上者骄。是故阴阳者，天地之大理也。四时者，阴阳之大径也。刑德者，四时之合也。刑德合于时则生福，诡则生祸。然则春夏秋冬将何行？

东方曰星，其时曰春，其气曰风。风生木与骨，其德喜嬴而发出节时。其事号令，修除神位，谨祷獒梗，宗正阳，治堤防，耕芸树艺，正津梁，修沟渎，瓷屋行水，解怨赦罪，通四方。然则柔风甘雨乃至，百姓乃寿，百虫乃蕃，此谓星德。星者掌发为风。是故春行冬政则雕，行秋政则霜，行夏政则欲，是故春三月，以甲乙之日发五政。一政曰：论幼孤，舍有罪。二政曰：赋爵列，授禄位。三政曰：冻解，修沟渎，复亡人。四政曰：端险阻，修封疆，正千伯。五政曰：无杀麂夭，毋寒华绝芉。五政苟时，春雨乃来。

南方曰日，其时曰夏，其气曰阳。阳生火与气，其德施舍修乐。其事号令，赏赐赋爵，受禄顺乡，谨修神祀，量功赏贤，以动阳气，九暑乃至，时雨乃降。五谷百果乃登，此谓日德。中央曰土，土德实辅四时，入出以风雨。节土益力，土生皮肌肤，其德和平用均，中正无私，实辅四时。春嬴育，夏养长，秋聚收，冬闭藏。大寒乃极，国家乃昌，四方乃服，此谓岁德。日掌赏，赏为暑。岁掌和，和为雨。夏行春政则风，行秋政则水，行冬政则落。是故夏三月，以丙丁之日发五政。一政曰：求有功，发劳力者而举之。二政曰：开久坟，发故屋，辟故窍以假贷。三政曰：令禁扇去笠，毋扱免，除急漏田庐。四政曰：求有德，赐布施于民者而赏之。五政曰：令禁置设禽兽，毋杀飞鸟。五政苟时，夏雨乃至也。

西方曰辰，其时曰秋，其气曰阴。阴生金与甲，其德忧哀，静正严顺，居不敢淫佚。其事号令，毋使民淫暴，顺旅聚收。量民资以畜聚，赏彼群干，聚彼群材，百物乃收。使民毋怠，所恶其察，所欲必得，我信则克，此谓辰德。辰掌收，收为阴。秋行春政则荣，行夏政则水，行冬政则耗。是故秋三月，以庚辛之日发五政。一政曰：禁博塞，围小辩，斗译訑。二政曰：毋见五兵之刃。三政曰：慎旅农，趣聚收。四政曰：补缺塞坏。五政曰：修墙垣，周门闾。五政苟时，五谷皆入。

北方曰月，其时曰冬，其气曰寒。寒生水与血，其德淳越，温怒周密。其事号令，修禁徙，民令静止，地乃不泄，断刑致罚，无赦有罪，以符阴气。大寒乃至，甲兵乃强，五谷乃熟，国家乃昌，四方乃备，此谓月德。月掌罚，罚为寒。冬行春政则泄，行夏政则雷，行秋政则旱。是故春凋、秋荣、冬雷、夏有霜雪，此皆气之贼也。刑德易节，失次则贼气遫至；贼气遫至，则国多菑殃。是故圣王务时而寄政焉，作教而寄武焉，作祀而寄德焉。此三者，圣王所以合于天地之行也。日掌阳，月掌阴，星掌和。阳为德，阴为刑，和为事。是故日食则失德之国恶之，月食则失刑之国恶之，彗星见则失和之国恶之，风与日争明则失生之国恶之。是故圣王，日食则修德，月食则修刑，彗星见则修和，风与日争明则修生。此四者，圣王所以免于天地之诛也。信能行之，五谷蕃息，六畜殖而甲兵强。治积则昌，暴虐积则亡。是故冬三月，以壬癸之日发五政。一政曰：论孤独，恤长老。二政曰：善顺阴，修神祀，赋爵禄，授备位。三政曰：效会计，毋发山川之藏。四政曰：摄奸遁、得盗贼者，有赏。五政曰：禁迁徙，止流民，圉分异。五政苟时，冬事不过，所求必得，所恶必伏。

道生天地，德出贤人。道生德，德生正，正生事。是以圣王治天下，穷则反，终则始。德始于春，长于夏。刑始于秋，流于冬。刑德不失，四时如一。刑德离乡，时乃逆行，作事不成，必有大殃。月有三政，王事必理，以为必长。不中者死，失理者亡。国有四时，固执王事。四守有所，三政执辅。

管子·五行(节选)

(据《管子校注》,黎翔凤撰,中华书局 2004 年版)

昔者黄帝得蚩尤而明于天道,得大常而察于地利,得奢龙而辩于东方,得祝融而辩于南方,得大封而辩于西方,得后土而辩于北方。黄帝得六相而天地治,神明至。蚩尤明乎天道,故使为当时。大常察乎地利,故使为廪者。奢龙辨乎东方,故使为土师。祝融辨乎南方,故使为司徒。大封辨于西方,故使为司马。后土辨乎北方,故使为李。是故春者土师也,夏者司徒也,秋者司马也,冬者李也。昔黄帝以其缓急作五声,以政五钟。令其五钟:一曰青钟,大音。二曰赤钟,重心。三曰黄钟,洒光。四曰景钟,昧其明。五曰黑钟,隐其常。五声既调,然后作立五行,以正天时,五官以正人位。人与天调,然后天地之美生。

日至,睹甲子木行御。天子出令,命左右士师内御,总别列爵,论贤不肖士吏,赋秘赐赏于四境之内。发故粟以田数,出国衡,顺山林,禁民斩木,所以爱草木也。然则水解而冻释,草木区萌,赎蛰虫,卵菱春辟勿时,苗足本,不疬雏毅,不夭麂麑,毋傅速,亡伤襁褓,时则不凋。七十二日而毕。

睹丙子,火行御。天子出令,命行人内御,令掘沟浍,津旧涂,发臧任君赐赏。君子修游驰以发地气,出皮币,命行人修春秋之礼于天下诸侯,通天下,遇者兼和。然则天无疾风,草木发奋,郁气息,民不疾而荣华蕃。七十二日而毕。

睹戊子,土行御。天子出令,命左右司徒内御,不诛不贞,农事为敬,大扬惠言,宽刑死,缓罪人。出国,司徒令命顺民之功力,以养五谷。君子之静居,而农夫修其功力极。然则天为粤宛,草木养长,五谷蕃实秀大,六畜牺牲具,民足财,国富,上下亲,诸侯和。七十二日而毕。

睹庚子,金行御。天子出令,命祝宗选禽兽之禁,五谷之先熟者,而荐之祖庙与五祀。鬼神飨其气焉,君子食其味焉。然则凉风至,白露下。天子出令,命左右司马衍组甲厉兵,合什为伍,以修于四境之内,诔然告民有事,所以待天地之杀敛也。然则昼炙阳,夕下露,地竞环,五谷邻熟,草木茂。实岁农丰,年大茂。七十二日而毕。

睹壬子,水行御。天子出令,命左右使人内御。其气足则发而止,其气不足则发掘渎盗贼,数剥竹箭,伐檀柘,令民出猎禽兽,不释巨少而杀之,所以贵天地之所闭藏也。然则羽卵者不段,毛胎者不赎,膲妇不销弃,草木根本美。七十二日而毕。

睹甲子,木行御。天子不赋,不赐赏,而大斩伐伤,君危。不杀,太子危,家人夫人死,不然则长子死。七十二日而毕。睹丙子,火行御。天子敬行急政,旱札苗死,民厉。七十二日而毕。睹戊子,土行御。天子修宫室,筑台榭,君危。外筑城郭,臣死。七十二日而毕。睹庚子,金行御,天子攻山击石,有兵,作战而败,士死,丧执政。七十二日而毕。睹壬子,水行御。天子决塞动大水,王后夫人薨。不然,则羽卵者段,毛胎者赎,膲妇销弃,草木根本不美。七十二日而毕也。

吕氏春秋·孟春纪

(据《吕氏春秋集释》,许维遹撰,中华书局 2009 年版)

孟春之月,日在营室,昏参中,旦尾中。其日甲乙,其帝太暤,其神句芒。其虫鳞,其音角。律中太簇。其数八,其味酸,其臭膻,其祀户,祭先脾。东风解冻,蛰虫始振。鱼上冰。

獭祭鱼。候雁北。天子居青阳左个,乘鸾辂,驾苍龙,载青旗,衣青衣,服青玉,食麦与羊。其器疏以达。

是月也,以立春。先立春三日,太史谒之天子,曰:"某日立春,盛德在木。"天子乃斋。立春之日,天子亲率三公、九卿、诸侯、大夫,以迎春于东郊。还,乃赏公卿、诸侯、大夫于朝。命相布德和令,行庆施惠,下及兆民。庆赐遂行,无有不当。乃命太史,守典奉法,司天日月星辰之行,宿离不贷,无失经纪,以初为常。

是月也,天子乃以元日祈谷于上帝。乃择元辰,天子亲载耒耜,措之参于保、介、御之间,率三公、九卿、诸侯、大夫,躬耕帝籍田。天子三推,三公五推,卿、诸侯、大夫九推。反,执爵于太寝,三公、九卿、诸侯、大夫皆御,命曰"劳酒"。

是月也,天气下降,地气上腾,天地和同,草木繁动。王布农事:命田舍东郊,皆修封疆,审端径、术,善相丘陵、阪险、原隰,土地所宜,五谷所殖,以教道民,必躬亲之。田事既饬,先定准直,农乃不惑。

是月也,命乐正入学习舞。乃修祭典,命祀山林川泽,牺牲无用牝。禁止伐木,无覆巢,无杀孩虫、胎、夭、飞鸟,无麛无卵,无聚大众,无置城郭,揜骼霾髊。

是月也,不可以称兵,称兵必有天殃。兵戎不起,不可以从我始。无变天之道,无绝地之理,无乱人之纪。

孟春行夏令,则风雨不时,草木早槁,国乃有恐。行秋令,则民大疫,疾风暴雨数至,藜、莠、蓬、蒿并兴。行冬令,则水潦为败,霜雪大挚,首种不入。